本译著由自然科学基金面上项目"PPP项目利益侵占和协同控制研究"（71672017）

资源·基础设施PPP项目及项目融资基础理论

資源・インフラPPPプロジェクト及び
プロジェクトファイナンスの基礎理論

NATURAL RESOURCE AND PPP INFRASTRUCTURE PROJECTS AND
PROJECT FINANCE: BUSINESS THEORIES AND TAXONOMIES

［日］樋口孝夫 ◎著
石磊 ◎译

大连理工大学出版社
Dalian University of Technology Press

"Natural Resource and PPP Infrastructure Projects and Project Finance: Business Theories and Taxonomies" by Takao Higuchi
Copyright © 2014 Takao Higuchi
All rights reserved.
Original Japanese edition published by KINAZI INSTITUTE FOR FINANCIAL AFFAIRS, INC.
Simplified Chinese translation copyright © 2021 by Dalian University of Technology Press Co. Ltd
著作权合同登记06-2021年第47号
版权所有·侵权必究

图书在版编目（CIP）数据

资源·基础设施PPP项目及项目融资基础理论 /（日）樋口孝夫著；石磊译. -- 大连：大连理工大学出版社，2021.10

ISBN 978-7-5685-3063-7

Ⅰ. ①资… Ⅱ. ①樋… ②石… Ⅲ. ①基础设施建设—政府投资—合作—社会资本—研究 Ⅳ. ① F294

中国版本图书馆CIP数据核字（2021）第114454号

ZIYUAN·JICHU SHESHI PPP XIANGMU JI XIANGMU RONGZI JICHU LILUN

大连理工大学出版社出版
地址：大连市软件园路80号　邮政编码：116023
发行：0411-84708842　邮购：0411-84708943　传真：0411-84701466
E-mail：dutp@dutp.cn　URL：http://dutp.dlut.edu.cn
大连图腾彩色印刷有限公司印刷　　大连理工大学出版社发行

幅面尺寸：148mm×210mm　　印张：6.25　　字数：170千字
2021年10月第1版　　　　　　　　　　2021年10月第1次印刷

责任编辑：邵　婉　朱诗宇　　　　　　　责任校对：齐　悦
封面设计：奇景创意

ISBN 978-7-5685-3063-7　　　　　　　　　定　价：55.00元

本书如有印装质量问题，请与我社发行部联系更换。

中文版序

本书是笔者著书"資源・インフラPPP/プロジェクトファイナンスの基礎理論"（樋口，2014，一般社团法人金融财政事情研究会出版，日文版）及"Natural Resource and PPP infrastructure Projects and Project Finance, Business Theories and Taxonomies"（Higuchi, 2018, Springer出版，英文版）的中文翻译版。借此，我对石磊先生为本书所做的中文翻译表示衷心的感谢。

笔者是在2018年秋至2019年秋（石磊先生在京都大学做访问学者期间），通过京都大学大西正光副教授的介绍认识了石磊先生。大西正光副教授是日本从事PPP相关研究的著名学者。在他的组织下，从事PPP实务工作的专家和以大西正光副教授为代表的学者们定期举办PPP相关学术研讨会。石磊先生在其学术访问期间也参加了该研讨会，并与笔者分别从学术和实务的角度多次进行了极有建设性的讨论，这将成为笔者人生中的宝贵财富。

笔者在1989年成为注册律师后，以律师身份参加了日本国内和海外的众多基础设施PPP项目及项目融资。基于这些实践经验，笔者在本书中主要论述了基础设施运营项目及项目融资的基础理论。主要理由是，如本书中所述，笔者发现在基础设施PPP项目及项目融资的合同谈判中存在的主要问题是如何整合基础设施PPP项

资源·基础设施PPP项目及项目融资基础理论

目及项目融资的理论与各个项目中的具体商业需求。在此意义上，作为法律实务专家的笔者如果不理解基础设施PPP项目及项目融资基础理论，就不能进行这些项目合同的协商，也就无法从事基础设施PPP项目及项目融资的相关工作。

基础设施运营项目及项目融资基础理论，是30多年前笔者首次参与基础设施PPP项目及项目融资之前就存在的理论。在此意义上，笔者在本书中并没有创造新的理论。本书的价值在于对实务中所涉及的这些基础理论进行了系统整理和说明。自20世纪90年代中期以后，基础设施PPP及项目融资项目数量呈飞跃式增长。特别是在英国，随着PFI的诞生，其增长趋势进一步加剧。但遗憾的是，理解基础设施PPP项目及项目融资的基础理论的专家并没有成比例增加。相反，在不了解这些理论的情况下，基础设施PPP项目及项目融资在世界范围内得到了快速发展。因此，在世界范围内出现了很多失败的基础设施PPP项目以及项目融资案例。其中，最具有代表性的事件是2018年10月29日英国对结束新规PFI项目的宣言。作为PFI发源地的英国，由于基础设施建设的公共资金不足，政府利用PFI的主要目的是从公共资产负债表中去除公共债务。这种做法严重损害了民众的利益，没有体现物有所值的核心理念。但是，英国的失败反过来可以告诉我们，如果正确地理解基础设施PPP项目及项目融资的基础理论，就会发现PPP是以增加民众的利益为最终目的。

近来在很多领域中都提到了"可持续性"发展。特别对基础设施PPP项目而言，很多人提到应实现可持续发展目标（SDGs，

中文版序

Sustainable Development Goals）。但如本书中所述，30多年前的基础设施PPP项目及项目融资的基础理论中已论述了基础设施PPP项目需要可持续发展的必要性。即使在日本，很多情形下可持续性也没有得到充分理解。可持续性实质上意味着"自下而上的支持"，在基础设施运营项目中自下而上的支持主体当然是民众，具体体现在民众的"支付意愿"中，即基础设施PPP项目正是需要向民众提供其愿意支付的服务。否则，从公共的视角而言，基础设施PPP项目没有实现其应有的公共目的；而从民间的视角而言，对基础设施PPP项目投资、融资存在无法回收的风险。

在某些国家，一些官员往往过度提倡发展基础设施PPP项目。对这些官员而言，只要选定实施基础设施PPP项目的社会资本方，与其签订项目合同，并完成该项目的设施建设，便会成为他们的"功绩"。但是，基础设施PPP项目只有在设施完成后20年左右的长期运营中取得成功，才能被称为真正的"成功"，即民众能够以合理的价格享受基础设施的服务，同时社会资本方能够获得适当的投资回报。在此意义上，只有在长时间的运营期内才能判断基础设施PPP项目成功与否。在包括日本在内的发达国家中，某届政府提出的政策有时会被下一届政府否决。一个基础设施PPP项目具有真正的可持续发展性意味着即使在下一届政府的规制下，该项目也很难被否决。在此意义上，政府和社会资本方都需对基础设施PPP项目是否真正具有可持续性进行冷静和客观的判断。

此外，大西正光副教授指出基础设施运营项目应被包含在东京大学经济系宇泽弘文教授提倡的"社会共同资本"范畴中。因此，不仅需从纯粹的市场原理的角度，而且有必要从各种不同角度来讨论作为"社会共同资本"的基础设施PPP项目的合法性。

笔者并不熟悉中国基础设施PPP项目的发展现状。但时常会感受到中国人热心地学习和吸收新知识的态度，很遗憾在其他国家包括日本很少看到这种积极的态度。如果本书能为从事中国国内以及国外的基础设施PPP项目及项目融资的专业人士提供帮助，那么，对笔者而言将是无上的荣幸。

樋口孝夫

2021年1月

目 录

第一篇 绪 论

第1章 引 言   3
第2章 项目参与主体   8
    2.1 东道国政府/承购方   9
    2.2 社会资本方（股东）   9
    2.3 项目公司   10
    2.4 运营维护商   11
    2.5 EPC承包商   11
    2.6 优先债权人   12
    2.7 第三方咨询机构（工程师）   12
第3章 合同关系   14
    3.1 项目合同   14
    3.2 融资合同   18
第4章 两个典型项目   21

第二篇　PPP 项目基础理论

第 5 章　资源·基础设施 PPP 项目内容 27
 5.1　BOT 项目 27
 5.2　BOT 与 BLT 的区别 28
 5.3　BOT 与 PFI/PPP 的关系 29
 5.4　PFI 与 PPP 的关系 30
 5.5　不包括设施设计和建设的 PPP 项目 31
 5.6　DBO 项目 32
 5.7　Hakomono PFI 项目 33

第 6 章　采用资源·基础设施 PPP 项目的理论依据 34
 6.1　资源·基础设施 PPP 项目收益的来源 34
 6.2　东道国政府 / 承购方收益评价指标 35
 6.3　社会资本方收益评价指标 39

第 7 章　资源·基础设施 PPP 项目的本质 41
 7.1　资源·基础设施 PPP 项目成立项目公司的理由 41
 7.2　社会资本方对资源·基础设施 PPP 项目的投资 44

第 8 章　资源·基础设施 PPP 项目的特征 54
 8.1　以运营为主体 54
 8.2　所有者兼运营维护商原则 55
 8.3　社会资本方与 EPC 承包商之间的利益冲突 56
 8.4　业务单一性的原则及项目公司为特别目的公司 58
 8.5　背对背条款、风险转嫁及项目公司的特征 60
 8.6　责任单一性原则 62
 8.7　社会资本方兼运营维护商是资源·基础设施 PPP 项目的关键主体 66
 8.8　项目设计施工期与运营期 71

8.9 两种类型的资源·基础设施 PPP 项目 ... 74
8.10 项目期内业务不变原则 ... 77
8.11 项目公司缺乏现金支付能力 ... 78
8.12 资源·基础设施 PPP 项目存在的困难及项目可持续性 ... 79

第 9 章 主要项目合同的特征 ... 81
9.1 特许权协议/承购合同/PPP 项目合同的特征 ... 81
9.2 运营维护合同的特征 ... 105
9.3 EPC 合同的特征 ... 107

第三篇 项目融资基础理论

第 10 章 项目融资内容概述 ... 111
10.1 项目融资定义 ... 111
10.2 与飞机融资之间的区别 ... 111
10.3 与证券化的区别 ... 112
10.4 项目与资产的区别 ... 113

第 11 章 采用项目融资的理由 ... 115
11.1 项目融资中收益的来源 ... 115
11.2 项目融资给社会资本方带来的收益 ... 116
11.3 优先债权人在项目融资中的收益 ... 124
11.4 项目融资的局限性和劣势——社会资本方的视角 ... 124
11.5 项目融资的局限性——优先债权人的视角 ... 127
11.6 项目融资的优势和局限性——东道国政府的视角 ... 128

第 12 章 项目融资的本质 ... 133
12.1 依赖于社会资本方的项目实施能力 ... 133
12.2 长期项目融资 ... 133
12.3 优先债权人对项目的审查 ... 135
12.4 优先债权人对项目的监督 ... 139

第 13 章　项目融资的特征　　142
13.1　债务股本比　　142
13.2　现金流瀑布条款　　145
13.3　现金流结构　　152

第 14 章　融资合同的特征　　166
14.1　财务完工及完工担保　　167
14.2　社会资本方支持　　170
14.3　融资担保　　171
14.4　项目融资中的担保权　　172
14.5　直接协议与介入权　　180

参考文献　　188

第一篇　绪　论

第1章 引 言

资源项目与基础设施PPP（Public Private Partnership，公私合作）项目（以下简称为资源·基础设施PPP项目）及项目融资已在世界各国得到了广泛应用。对于资源·基础设施PPP项目及项目融资的历史起源众说纷纭，但真正引起人们关注的是20世纪70年代在以油田、矿山及天然液化煤气开发为代表的资源开发领域、石油化学等资源相关的制造业，80年代在发达和发展中国家电力、铁道、机场、港湾、给排水、垃圾处理、通信等基础设施领域的广泛应用。日本在20世纪90年代初期的电力市场放松管制过程中开始运作以电力公司作为承购方的IPP（Independent Power Producer，独立发电商）项目，其中便采用了资源·基础设施PPP项目及项目融资方法。现在IPP项目模式也被广泛地应用到风电及大型太阳能等可持续能源发电领域。

1992年，PFI（Private Finance Initiative，民间主动融资）在英国保守党梅杰政权下正式诞生，在后来的布莱尔政权下发展为PPP。以英国为首的一些发达国家将资源·基础设施PPP项目及项目融资应用于医院、监狱等尚未被私营企业运营过的领域。日本也在1999年9月24日颁布了《灵活运用民间资金促进发展公共设施法》（以下称为《PFI法》）。根据日本内阁府发布的《PFI年度报告（2009年度）》，至2010年3月，日本的PFI项目总数为366项，项目投资总额为3.2兆日元。

资源·基础设施 PPP 项目及项目融资基础理论

笔者自 1989 年 4 月成为注册律师后以不同的方式参与了数百个资源·基础设施 PPP 项目及项目融资业务，并参加了众多海外项目融资业务的合同谈判，积累了丰富的项目经验。合同谈判过程中面临的主要问题是如何整合资源·基础设施 PPP 项目及项目融资的理论与各项目的实际经济需求，即如何在理论的支持下构筑能够包含项目特殊性的合同框架。这就要求不仅仅是律师，还包括所有参与合同谈判的专业人员在合同谈判过程中，不应对是否接受某些条款进行不必要的争论，而应根据以往项目经验创造性地提出解决措施，只有这样才会得到谈判对手的尊重。这也正是项目融资被认为是根据不同项目特性进行定制的融资方式的原因。

直到 20 世纪 90 年代后半期，资源·基础设施 PPP 项目及项目融资仍被认为属于俱乐部贷款（Club Deal）的范畴。金融机构基于对资源·基础设施 PPP 项目及项目融资理论的学习和理解运作项目。如金融机构中的项目融资部门通过在岗培训的方式学习资源·基础设施 PPP 项目理论及项目融资理论，其中包括"项目公司的信用等级低于社会资本方"（详见 8.7）等项目融资基本知识，但很少通过教科书的形式对资源·基础设施 PPP 项目及项目融资理论进行系统学习或培训。在律师行业，起初参与国际融资业务的律师事务所也仅局限于英国的几家大律师事务所，美国的律师事务所参与甚少。

从 20 世纪 90 年代中期开始，资源·基础设施 PPP 项目及项目融资的项目数量急剧增加。特别是英国 PFI 的诞生进一步加快了这种趋势。然而，能够正确理解资源·基础设施 PPP 项目及项目融资理论的专家数量并没有随着项目数量的增加而成比例增加。换言之，PPP 项目在其基本理论没有得到正确理解的情况下就开始大量实施和发展。例如，项目融资理论中强调"项目公司的信用等级低于社

第1章 引言

会资本方",这与证券化理论中的"项目公司的信用等级高于投资方"完全不同。在证券化操作过程中需要采取各种措施避免项目公司破产,而项目融资则是在项目公司可能破产的前提下考虑各种应对措施(详见第三篇14.5)。

资源·基础设施PPP项目及项目融资的专业书中大多将重点放在描述项目参与主体的角色上,并以案例的形式分析项目中可能出现的问题以及对项目的财务收益进行评价等,却很少从正面阐述资源·基础设施PPP项目及项目融资的理论。为了填补该空白,本书在第二篇和第三篇分别对资源·基础设施PPP项目和项目融资的基础理论进行阐述。本书主要面向具有一定项目融资基础知识的专业人士及在校大学生或研究生,当然笔者也会尽量对相关专业术语进行通俗解释,使一般读者也能够容易理解。虽然笔者从事律师行业,但编写本书的主要目的是介绍资源·基础设施PPP项目及项目融资理论,因此将尽量减少对相关法律条款的描述和说明。

不同项目参与主体视角下的资源·基础设施PPP项目及项目融资程序如下:

1. 东道国政府/承购方的视角

(1)资源·基础设施PPP项目立项;

(2)选择咨询团队;

(3)制作招标文件;

(4)确定招标程序;

(5)投标资格审查;

(6)投标方案评审;

(7)决定中标社会资本方;

(8)与中标社会资本方进行合同谈判及签订合同;

(9)与优先债权人协商和签订直接协议;

（10）项目监督；

（11）项目合同结束。

2. 社会资本方的视角

（1）发现资源·基础设施PPP项目；

（2）决定是否参与资源·基础设施PPP项目；

（3）多个社会资本方组成联合体并签订联合体协议；

（4）制作和提交投标文件；

（5）与优先债权人协商项目融资事宜；

（6）中标后与东道国政府/承购方协商和签订项目合同；

（7）对各种项目相关合同进行协商和缔约；

（8）与优先债权人协商和签订各种融资相关合同；

（9）履行合同义务，确保项目完工；

（10）实施资源·基础设施PPP项目的运营和维护管理相关业务；

（11）项目合同结束。

3. 优先债权人的视角

（1）与社会资本方进行事前协商，并决定是否融资；

（2）提交项目融资意向书；

（3）项目具体审查；

（4）安排银团贷款相关事项；

（5）制作并提出资料备忘录；

（6）包括项目合同的各种项目相关合同的审查和协商；

（7）融资协议条款清单制定及协商；

（8）各种融资相关合同的协商和签订；

（9）判断是否满足初期贷款前提条件；

（10）财务完工鉴定；

第1章 引　言

（11）项目监督。

一般来说，从时间序列的视角解释资源·基础设施 PPP 项目及项目融资的实务操作过程更容易被一般读者理解。但本书的重点在于阐述资源·基础设施 PPP 项目及项目融资理论，因此不按照上述时间序列顺序进行说明。

学习资源·基础设施 PPP 项目及项目融资理论，首先需要正确理解存在哪些项目相关主体及这些项目相关主体之间的关系。因此，在阐述第二篇及第三篇相关理论之前，第一篇第 2 章和第 3 章分别阐述项目相关主体和相关合同关系。同时，为了加深对理论部分的理解，第 4 章列举两种不同类型的典型项目。为了避免读者过分关注项目表层与理论不相关的事宜，本书不对典型项目的具体状况进行详细描述。最后需要指出，在实践过程中学习是掌握资源·基础设施 PPP 项目及项目融资理论的最佳途径。因此希望读者能够将本书阐述的相关理论和实践相结合，在实践中对理论进行进一步思考和体会，从而真正地掌握本书阐述的相关理论。

第2章 项目参与主体

为了阐述资源·基础设施PPP项目及项目融资理论,首先需要明确存在哪些参与主体。为了突出理论重点,本书将省略资源·基础设施PPP项目及项目融资理论中不直接相关的参与主体。例如,项目融资通常采用具有多数债权人的银团贷款,此时会存在很多代理行(Agent)及信托受托人(Trustee)。在融资过程中,牵头行(Arranger)及金融顾问(Financial Advisor)也会发挥重要作用。此外,在风险分担方面,保险公司及金融衍生产品交易方(Swap Provider)也发挥着重要作用。然而,上述主体与本书阐述的资源·基础设施PPP项目及项目融资理论没有直接关联,因此本书不予考虑。此外,在某些资源·基础设施PPP项目中,原燃料供应商也会发挥重要作用。所谓原燃料供应商是指为资源·基础设施PPP项目运营提供原燃料的主体。例如在IPP项目中,原燃料供应商将提供用于发电的燃料石炭或天然气。在石油炼制/石油化学项目中,原燃料供应商是原油的供给者。然而,原燃料供应商不是帮助我们理解资源·基础设施PPP项目及项目融资理论不可或缺的参与主体,因此本书也将其省略。

第 2 章 项目参与主体

2.1 东道国政府／承购方

东道国政府是指授权私营企业运营资源·基础设施 PPP 项目的法人，通常指中央政府，有时也指地方市政机构。东道国政府是与项目公司（详见 2.3）签订项目合同（详见 3.1.1）的合同主体。但法律上也允许具有与东道国政府不同法人资格的行政主体（如供电公司）与项目公司签订项目合同，此时东道国政府仍是指中央政府而非签约的行政主体。此外，当行政主体作为签约主体时，东道国政府时常会为行政主体提供债务担保或者向项目公司及优先债权人（详见 2.6）提供支持函（Support Letter），为项目提供支持。

很多读者可能不太熟悉承购方这个称呼，这是资源·基础设施 PPP 项目的专业术语。特许权协议／承购合同／PPP 项目合同可分为项目公司承担市场风险和项目公司不承担市场风险两种类别（详见 8.9）的合同。若项目公司不承担市场风险，东道国政府或行政主体将会按照项目合同购买项目公司提供的产品或公共服务。此时，东道国政府或行政主体是产品或公共服务的购买方，因此被称为承购方，此时的项目合同又被称为承购合同。

在一些资源项目中，东道国政府或行政主体只是授予项目公司项目开发的特许权（Concession）而不需签订项目合同。而且，承购合同主体有时并不包括东道国政府或行政主体，关于这一点会在 3.1.1 中进行详述。

2.2 社会资本方（股东）

社会资本方有时仅被认为是资金提供者或支持者，然而在资源·基础设施 PPP 项目中，社会资本方除了为项目提供用于支付项目（部分）成本的资金外，实质上通过项目公司拥有该项目的所有权并负责运营该项目（详见8.8.1）①。在此意义上，社会资本方与项目运营维护商（详见2.4）实质上是同一法人，这被称为项目所有者兼运营维护商原则（详见8.2）。然而，在实践中，也有部分社会资本方不参与项目运营，这些社会资本方的持股比例不占多数，也不应该占多数。社会资本方以向项目公司股本投资或发行次级债的形式提供项目资金②，故又被称为项目股东。社会资本方可以直接向项目公司股本投资或基于税务上的理由通过全资子公司间接投资。需要留意在后者情形中，该子公司并不是社会资本方。为项目公司提供资金并且运营项目的公司为社会资本方。

2.3　项目公司

项目公司是和东道国政府/承购方签订项目合同的法人，同时也是项目融资贷款中的借款人。如2.2所述，项目公司的（直接或间接的）股东是社会资本方。基于项目合同的法定权利和义务的视角，项目的实施主体是项目公司而不是社会资本方。从项目融资视角而言，原则上承担项目还债义务的是项目公司而不是社会资本方。第7章将对项目合同主体是项目公司而不是社会资本方的理由进行详细阐述。虽然项目合同中规定的项目实施主体是项目公司，但项目公司在项目实施过程中通过项目运营维护合同（详见3.1.2）和EPC（Engineering Procurement Construction，工程总承包）合同（详见3.1.3）将项目运营维护业务和施工业务分别委托给项目运营维护商和项目EPC承包商（详见2.5）。在此意义上，项目公司只是

---

①译者注：在国外PPP项目中，通常社会资本方在项目期间同时拥有项目所有权和控制权。而在国内PPP项目中通常政府拥有项目所有权，而社会资本方在项目期间拥有项目控制权。

②项目发起人对项目的投资除了股本投资，还包括次级债。使用次级债的理由详见13.3.1。

拥有项目资产和签订各种合同的主体,实质上自身不承担任何业务(详见8.5.2)。

项目公司,又被称为特别目的公司(Special Purpose Company),是仅以项目运营为目的而成立的公司(详见8.4.2)。基于税务理由,项目公司的法律形态一般为有限责任公司(Limited Liability Company)或合伙公司(Partnership)。关于这一点将在本书7.2.4中详细讨论。

2.4　运营维护商

运营维护商是项目融资领域的专业术语,在一般项目中不经常使用。在日本的PFI项目中,项目运营和维护管理往往是由不同企业法人承担的,因此这些PFI项目又被称为Hakomono[①]PFI项目(不包括项目运营)。相反,基于"责任单一性原则"(Single Point Responsibility),典型的项目融资要求项目运营和维护由同一主体(运营维护商)负责(详见8.6.1)。如2.2所述,运营维护商通常是社会资本方。

若社会资本方的地方子公司为项目运营维护商,社会资本方将为运营维护合同提供担保。

2.5　EPC承包商

EPC承包商也是资源·基础设施PPP项目及项目融资领域的术语,在一般项目中不经常使用。然而这个术语不只是用于资源·基础设施PPP项目,也被用于以项目完工为目标的EPC项目中。

[①]译者注:Hakomono在日语中是"箱子"的意思。该词语被用来形容政府在建设公共设施时往往以建成设施为目的,并没有周到考虑该设施建成后的运营和维护及对政府财政负担的影响(详见5.7)。

EPC 是 Engineering（设计）、Procurement（采购）及 Construction（施工）的简称。EPC 合同要求 EPC 承包商不仅承担施工义务，而且承担完工义务（详见 3.1.3）。而完工涉及的必要业务不仅包括项目的施工而且还包括项目设计及设备采购。然而在日本的大多数 PFI 项目中，设计、施工与设备采购分别由不同的主体负责。根据责任单一性原则，资源·基础设施 PPP 项目及项目融资中项目完工业务应全部交由同一主体完成。8.6.2 将对此进行详细论述。

在一些项目中，EPC 承包商的当地子公司实际上承担 EPC 业务，有时会要求 EPC 承包商为 EPC 合同提供担保。基于税务上的考虑，海外项目和国内项目通常分别签订 EPC 合同。海外业务和国内业务的 EPC 合同分别被称为"离岸（Offshore）EPC 合同"和"在岸（Onshore）EPC 合同"。此外，还需要签订整合两个合同的"协调合同（Coordination Contract）"（详见 8.6.2）。

2.6 优先债权人

优先债权人也是项目融资领域的专业术语，表示项目融资中的贷款人。借款人则是 2.3 中所述的项目公司。如 2.2 所述，在项目融资中，社会资本方可以通过次级债的形式出资。与次级债相比，项目融资中的银行贷款被称为优先贷款（Senior Loan），优先贷款的贷款人也因此被称为优先债权人。

2.7 第三方咨询机构（工程师）

在资源·基础设施 PPP 项目及项目融资的教科书中经常会将第三方咨询机构描述为"配角"。然而，无论在项目融资理论还是实践中第三方咨询机构都发挥着重要作用，主要体现在项目融资交易的筹备阶段（Structuring Stage）和融资实施后的项目监督阶段，帮助优先债权人分析和指出项目中存在的技术问题及 EPC 承包商、运营维护商在施工或运营中出现的技术问题。日本 PFI 项目虽然强调优先债权人的监督功能，但并没有说明具体的监督对象以及如何实施监督。优先债权人不仅作为贷款人监督项目公司的财务数据，而且需要监督项目的技术状况（详见 7.1.4）。由于优先债权人并不是技术专家，无法直接对项目进行技术监督，因此需要第三方咨询机构为优先债权人提供技术支持。

第三方咨询机构应保持中立，这意味着在选择第三方咨询机构时须得到优先债权人和社会资本方的双方认可。此外，在项目融资中会出现很多可能引起优先债权人和社会资本方之间意见或利益冲突的技术问题。若这些问题对偿还优先贷款不产生重大影响，应在项目融资中构建制度框架确保优先债权人和社会资本方都能够遵从第三方咨询机构的意见和建议。因此基于替代性纠纷解决（Alternative Dispute Resolution, ADR）的观点，项目融资中第三方咨询机构的存在至关重要。

此外，在技术咨询之外，还可能存在税务会计问题咨询、环境问题咨询、市场风险咨询及保险咨询等多种咨询服务。例如，在煤炭焚烧 IPP 项目中，煤炭供应商需要咨询机构为其提供煤炭供应相关的咨询服务。在资源·基础设施 PPP 项目中应确保这些咨询机构能够在保持中立的前提下提供咨询服务。

第3章 合同关系

为了理解资源·基础设施PPP项目及项目融资参与主体之间的相互关系，有必要先了解参与主体之间的合同关系。

参与主体之间的合同主要分为项目合同（文本）〔Project Agreements（Documents）〕及融资合同（文本）〔Financing Agreements（Documents）〕两种类别。根据融资种类不同，项目合同及融资合同也具有不同的含义，因此需要正确理解作为项目融资专业术语的项目合同和融资合同的具体含义。项目融资中，项目合同是构成资源·基础设施PPP项目的合同，融资合同则是实现项目融资的合同。在实践操作中，优先债权人作为合同主体的合同为融资合同，优先债权人不作为合同主体的合同为项目合同。以下首先阐述项目合同，然后对融资合同进行说明。

3.1 项目合同

3.1.1 特许权协议/承购合同/PPP项目合同

特许权协议/承购合同/PPP项目合同是指东道国政府/承购方与项目公司之间签订的规定资源/基础设施项目业务内容的合同。对于具体的项目而言，特许权协议/承购合同/PPP项目合同规定

第 3 章 合同关系

了项目公司应对东道国政府/承购方承担的义务，即按照要求标准完成项目施工及运营项目等。若承购方直接获得项目公司提供的符合合同要求的产品或服务，则承购合同中规定承购方有向项目公司支付产品或服务对价的义务。关于对价的含义将在 9.1.2 中进行阐述。

特别是资源项目中可能存在东道国政府赋予项目公司能源开发特许权而不缔结项目合同的情形。此时有可能是某私营企业作为承购方与项目公司签订承购合同。例如，在一些天然液化煤气（LNG）、石油炼化及石油化学项目中，私营企业作为承购方承担长期购买这些项目生产的能源产品的义务。

如上所述，在某些资源项目中，东道国政府只是赋予项目公司运营的特许权而不是通过签订合同规定其承担运营义务。在这种类型的资源项目中，项目公司将承担市场风险，并从最终产品或服务使用者那里获得对价收益（详见 8.9）。东道国政府可通过上述项目模式提供特定的公共服务。然而，上述资源项目本质上近似于企业间的交易（Business to Business，B-to-B）模式，而 PPP 项目的本质是由企业为消费者提供产品或服务（Business to Customer，B-to-C），考虑到公共服务的属性，需要慎重考虑上述类型的资源项目模式是否适用于提供公共服务。例如，社会资本方是否可以任意设置产品或服务价格？项目公司市场风险型 PPP 项目为使用者（即普通民众）提供公共服务，而使用者为使用该服务支付对价，在此过程中使用者付费与纳税有着近似的特征（使用者作为服务的受益者被强制性地支付对价）。在实践中，东道国政府/承购方应慎重考虑项目公司承担市场风险型 PPP 项目是否适合提供公共服务（详见 9.1.2）。

3.1.2 运营维护合同

运营维护合同是项目公司与运营维护商之间签订的合同。特许权协议/承购合同/PPP项目合同规定的项目期主要分为设计施工期与项目运营期（详见8.8）。特许权协议/承购合同/PPP项目合同规定了项目公司在项目运营期内承担项目运营的义务。在运营维护合同中，运营维护商承担着项目合同中规定的项目公司应对东道国政府/承购方承担的运营义务，并按照特许权协议/承购合同/PPP项目合同中规定的标准对项目进行运营。

运营维护合同中也包括项目公司承担向运营维护商支付运营维护业务对价的义务。9.2中将对该对价的含义进行详述。

如2.4中所述，社会资本方的当地子公司为运营维护商时，社会资本方须对运营维护商在运营维护合同中承担的义务提供担保。即除了运营维护商签订的运营维护合同还包括社会资本方为合同主体担保的运营维护担保合同。

3.1.3 EPC合同

EPC合同是项目公司与EPC承包商签订的合同。在特许权协议/承购合同/PPP项目合同中，规定项目公司在设计施工期承担项目完工义务，EPC承包商在EPC合同中承担特许权协议/承购合同/PPP项目合同中规定的项目公司对东道国政府/承购方的完工义务。即在EPC合同中，EPC承包商对项目公司承担的义务便是按照特许权协议/承购合同/PPP项目合同中规定的标准使项目完工。因此，EPC承包商也必然承担项目完工风险。

项目完工需满足特许权协议/承购合同/PPP项目合同规定的标准，包括完成项目设计、施工及设备安装。但法律视角上的项目完工义务是指整体的项目完工义务,无法进行上述细分。因此EPC合同中通常包括"特定时间(Date-certain)""固定价格(Fixed price)""一次总价(Lump-sum)"及"交钥匙(Full turn-key)"等条款,分别意味着:(1)在特定时间内完工;(2)按照事前规定的固定总价支付;(3)钥匙插进去就可以开始运营项目了(不需要任何额外工作,项目公司便可以开始运营项目)。在EPC合同中,EPC承包商需承担上述完工义务。

EPC合同中也包括项目公司向EPC承包商支付完工对价的义务,9.3.1将对该对价的含义进行详述。

如2.5中所述,在将EPC业务划分为海外业务和国内业务时,EPC合同包括离岸EPC合同、在岸EPC合同及协调合同。

3.1.4 社会资本方次级债合同

社会资本方次级债合同是项目公司和社会资本方签订的合同,是社会资本方向项目公司提供次级债资金的合同。由于是"贷款"合同,社会资本方次级债合同容易被划分到融资合同类别中,但其本质上并不是融资合同,因此不应被包含在融资合同中。社会资本方次级债合同是构成项目的合同,也应归为项目合同。在实践操作中,这类合同在具体项目中被称为次级债合同或股东贷款合同。

3.1.5 项目管理服务合同

项目管理服务合同(Project Management Service Agreement)是项目公司和社会资本方签订的合同,但在日本的PPP项目及项目融资教科书中很少被提及。项目公司虽然在形式上存在董事等管理人员,但实质上并不存在公司职员。项目公司不仅需要进行运作,例如,制作财务结账文件、股东大会及董事会会议资料等,而且还需要执行各种项目合同及融资合同的相关工作。社会资本方会为项目公司完成这些工作，其相关的义务被明确地记载于项目管理服务合同中。作为项目公司的所有者，社会资本方与EPC承包商存在本质上的利益冲突（详见8.3）。例如，由于EPC承包商承担完工风险，项目公司对EPC合同项目完工与否的验收是可能引起优先债权人和社会资本方或者社会资本方和EPC承包商利益冲突的重要事件。此外，由于项目公司会承担部分项目成本超支风险，若无法严格核算成本超支风险将会对项目公司的现金流带来负面影响，从而导致社会资本方和EPC承包商的利益冲突。因此，从项目公司的利益出发，社会资本方需要对EPC承包商的行为保持严厉的立场。此外，根据不同项目的具体操作，项目管理服务合同也会有不同的名称。

3.2 融资合同

3.2.1 优先贷款合同

优先贷款合同（Senior Loan Agreement）是优先债权人和项目公司缔结的合同，其中规定了优先债权人对项目公司贷款的相关事宜。根据不同项目的具体操作情况，优先贷款合同也会有不同的名称。

3.2.2 社会资本方支持协议

社会资本方支持协议（Sponsor Support Agreement）是优先债权人和社会资本方（有时是和项目公司）签订的合同，其中规定了社会资本方对优先债权人承担的项目支持义务。严格来说，资源·基础设施PPP项目的项目融资术语前面应该加上有限追索权。项目融

第3章 合同关系

资中，社会资本方通过项目公司向优先债权人借款。这意味着虽然社会资本方是实质上的借款人，但在法律上借款人是项目公司。因此，作为区别于项目公司的独立主体，社会资本方可以处于无追索权的位置，即作为债权人的优先债权人不具有对社会资本方的一般资产进行强制执行的权利。然而，有限追索权意味着在一定情形下优先债权人拥有对社会资本方的一般资产进行强制执行的权利。正是在这一情形下，社会资本方对优先贷款承担一定的责任。在一些项目中，社会资本方主张应基于无追索权不承担任何负债责任。然而这种主张是对资源·基础设施PPP项目的项目融资实务的错误理解。一般而言，社会资本方是否承担有限负债责任的条件应取决于具体的资源·基础设施PPP项目属性，但通常社会资本方支持协议中都规定了社会资本方维持对项目公司的出资比例等支持条款。这是基于所有者兼运营维护商的原则要求社会资本方必须对优先债权人承担的义务。若社会资本方对项目融资不承担任何负债责任，资源·基础设施PPP项目的项目融资将不会成立，这也是严格意义上在资源·基础设施PPP项目的项目融资术语前面加上有限追索权的理由。社会资本方支持协议正是规定在特定情形下社会资本方对项目融资承担有限责任的合同。关于社会资本方支持的具体内容将在14.2中详述。

3.2.3 担保合同

担保合同（文本）〔Security Agreement (Documents)〕是设置担保权的一系列合同、通知及承诺等文件。项目融资中设置担保权的目的将在14.4中详述。担保权主要分为对项目公司拥有的项目资产（包括项目合同相关权利）的抵押担保权和对社会资本方持有的项目股份及次级债的抵押担保权。优先债权人与项目公司针对前者签订担保合同；与社会资本方（和项目公司）针对后者签订担保合同。

3.2.4 直接协议

直接协议（Direct Agreement）也是项目融资的专业术语，是指项目公司的合同交易对手（具体包括东道国政府、运营维护商及EPC承包商等）和优先债权人（有时是和项目公司）签订的合同。签订直接协议的主要目的包括：（1）对项目合同（及项目公司的权利）设置的担保权具备对抗要件（详见14.5.1）；（2）确保优先债权人的介入权（详见14.5.2）。根据具体项目不同，直接协议名称也有所不同，以前曾被称为"承认及同意协议（Acknowledgement and Consent Agreement）"，后来在英国PFI中被称为直接协议，由此被统一称为直接协议（详见14.5）。

3.2.5 咨询合同

咨询合同是第三方咨询机构和优先债权人及项目公司签订的合同，其中规定了第三方咨询机构承担向优先债权人提供2.7中所述的咨询服务的义务。咨询费通常由项目公司支付。根据具体项目不同，咨询合同的名称也可能有所不同，而且也并不一定包括在融资合同中。

第4章 两个典型项目

为了方便阐述资源·基础设施PPP项目及项目融资理论，本书将资源·基础设施PPP项目分为两种类型：（1）项目公司承担市场风险；（2）项目公司不承担市场风险。以下对两种类型的典型项目进行描述。

典型项目1：海底油田开发项目（项目公司承担市场风险）

以海底油田开发项目为例，对项目公司承担市场风险类型的项目进行说明。

（1）东道国政府A和项目公司B，针对海底油田开发及原油销售权利签订特许权协议。

（2）石油开发销售公司C是项目公司B的股东兼运营维护商。

（3）EPC承包商是建筑公司D。

（4）原油销售是现货销售（Spot Sale），因此由项目公司承担原油能否销售出去的市场风险。

（5）优先债权人为金融机构E。

（6）第三方咨询机构为咨询公司F。

参与主体的合同关系如图4.1所示，其中斜体的表示项目合同，带下划线的表示融资合同。

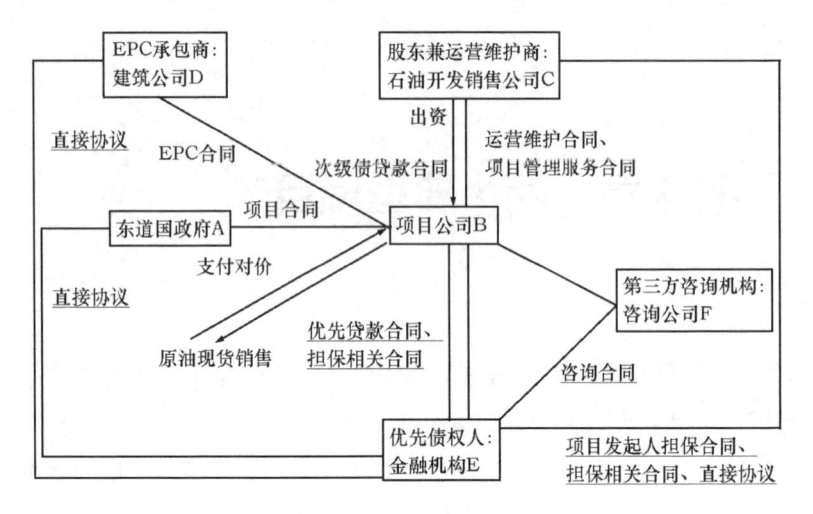

```
┌─────────────────┐              ┌──────────────────┐
│ EPC承包商:      │              │ 股东兼运营维护商:│
│ 建筑公司D       │              │ 石油开发销售公司C│
└─────────────────┘              └──────────────────┘
        │  EPC合同          出资 │   运营维护合同、
直接协议│              次级债贷款合同  项目管理服务合同
        │                        │
  ┌──────────┐   项目合同  ┌──────────┐
  │东道国政府A│──────────→│ 项目公司B │
  └──────────┘  支付对价   └──────────┘        ┌──────────────┐
直接协议                                        │第三方咨询机构│
        │          优先贷款合同、                │ 咨询公司F    │
        │   原油现货销售  担保相关合同           └──────────────┘
        │                                         咨询合同
                            ┌──────────────┐
                            │ 优先债权人:  │  项目发起人担保合同、
                            │ 金融机构E    │  担保相关合同、直接协议
                            └──────────────┘
```

图 4.1 典型项目 1

典型项目 2：电力 IPP 项目（项目公司不承担市场风险）

项目公司不承担市场风险情形可以 IPP 项目为代表。

（1）东道国的国营电力公司 X（承购方）与项目公司 Y 签订购电合同，合同内容包括：项目公司 Y 建设完成年发电量 1 000MW 的天然气焚烧发电站，并将电力销售给国营电力公司 X，销售期为 15 年。根据照付不议（Take or Pay）原则，若项目公司 Y 建成的发电站满足合同规定的性能要求，国营电力公司 X 须向项目公司 Y 支付合同对价。此外，国营电力公司 X 承担天然气的供给责任，通过国营天然气公司向项目公司 Y 供给。

（2）项目公司 Y 的股东兼运营维护商为发电公司 Z。

（3）EPC 承包商为建筑公司 W。

（4）优先债权人为金融机构 V。

（5）第三方咨询机构为咨询公司 U。

第4章 两个典型项目

这些参与主体的合同关系如图 4.2 所示，其中斜体的表示项目合同，带下划线的表示融资合同。

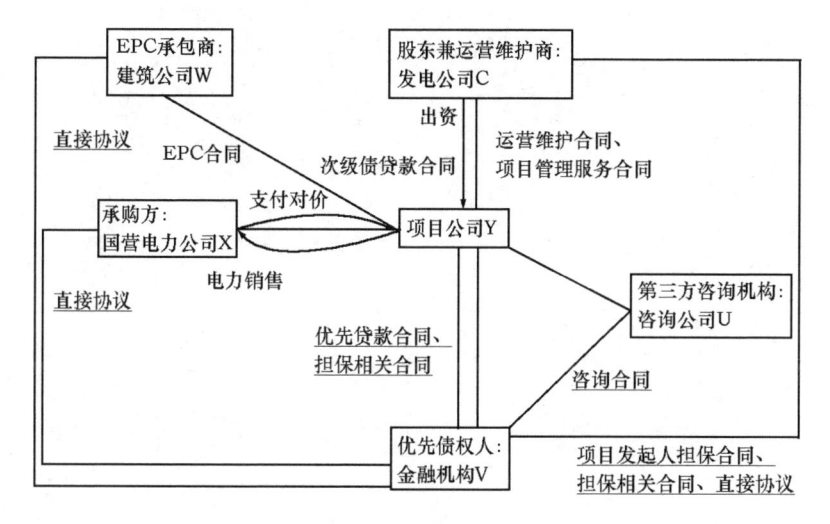

图 4.2 典型项目 2

第二篇
PPP 项目基础理论

第 5 章 资源·基础设施 PPP 项目内容

5.1 BOT 项目

为了理解资源·基础设施 PPP 项目基础理论，特别是考虑到资源·基础设施 PPP 项目通过项目融资筹集资金，首先需要明确什么项目是资源·基础设施 PPP 项目。现代社会中存在众多类别的项目，例如，房地产项目、支援项目等。很明显，并不是所有的项目都是项目融资的对象，也不是所有的项目都是资源·基础设施 PPP 项目。

资源·基础设施 PPP 项目的主要模式为 BOT 模式[1]。BOT 是资源·基础设施 PPP 项目及项目融资领域的专业术语，是 Build（建设）—Operate（运营）—Transfer（移交）的简称。在资源领域及电力、

---

[1] 除 BOT 之外，资源·基础设施 PPP 项目还包括 BOO、BLT 等模式。BOO 是 Build-Own-Operation 的缩写，与 BOT 的区别在于在项目合同约定时间结束时设施的所有权没有移交给政府。在实践操作中多数都是 BOT 形式的资源·基础设施 PPP 项目，但 BOO 同样属于运用项目融资的资源·基础设施 PPP 项目。新设施建设的情形下用 B（Build）表示，存量改建的情形下则用 R（Rehabilitate）表示。此外，建设设计一体化的情形下用 DB（Design-Build）表示。笔者认为，业界对这些用语的使用缺乏严格的统一标准。例如，BOT 中的 B 通常以 EPC 合同为对象，因此理应包含 D（Design）。那是否需要用 DBOT 表示呢？有很多教科书并没有考虑到这些问题，然而在使用这些简称术语时至少要明确这些简称代表的实际含义。本书中，BOT 中的 B 包含了 D。

水、通信、铁路、道路、机场及港湾等基础设施领域存在众多类别的项目，其中包括以项目设施完工（例如设计、采购、施工及试运行）为唯一目标的 EPC 项目，但 EPC 项目并不是项目融资的对象。BOT 是包括设施施工、项目运营及项目结束时将设施移交给东道国政府/承购方的项目模式。9.1.4 将详述项目结束时将项目设施移交给东道国政府/承购方的理由。

BOT 项目的目的是项目运营，例如第 4 章提及的典型项目 1 中的原油销售或典型项目 2 中的电力销售。EPC 项目和 BOT 项目的主要区别在于 EPC 仅是以项目设施的完工为目的，并不包括项目运营。

第 6 章将阐述应用资源·基础设施 PPP 项目的理由，第 7 章和第 8 章将分别说明资源·基础设施 PPP 项目的本质和特征，第 9 章阐述主要的项目合同的属性。

5.2　BOT 与 BLT 的区别

除了 BOT 项目之外，BLT 项目也通常使用项目融资筹集资金。BLT 也是资源·基础设施 PPP 项目及项目融资的专业术语，是 Build（建设）—Lease（租赁）—Transfer（移交）的简称。BLT 是项目设施完工后将项目设施租赁给东道国政府或其他作为项目合同主体的行政单位的项目模式。与 BOT 项目中项目公司负责项目运营不同，BLT 项目中东道国政府或其他行政单位负责项目运营，项目公司只是负责将项目设施租赁给他们。

在 20 世纪 90 年代，墨西哥开始在电力领域引入 PPP 项目，最初采用的是 BLT 项目模式，后来开始引入 BOT 项目模式。可以推测墨西哥政府采用 BLT 模式的理由之一是 BLT 模式不需要政府对

第5章 资源·基础设施PPP项目内容

社会资本方的运营绩效进行评价，对政府而言更容易操作。因此，在引入PPP模式的过渡期内，采用BLT模式有其积极的意义。然而，资源·基础设施PPP项目的本质在于将运营委托给私营企业进行（详见7.2.3）。因此，作为项目融资的对象，资源·基础设施PPP项目应采用BOT模式。事实上，BLT项目中私营企业主要是因为税金上的优惠待遇获得利润，因此即使形式上实现了物有所值（详见6.2.1），但政府相应的税收随之减少，也就失去了东道国实施BLT项目的意义。因此，东道国政府在实施BLT项目之前需要对BLT项目模式带来的收益进行谨慎评价。

5.3 BOT与PFI/PPP的关系

目前存在众多对BOT与PFI/PPP之间关系的解读和分析。为了明确两者之间的关系，首先需要正确理解两者间的本质区别。首先如5.1中所述，BOT意味着建设—运营—移交，是从项目公司实施业务的视角对项目模式的称呼。5.2中描述的BLT模式同样如此。而对于PFI/PPP而言，由于项目中包括东道国政府/承购方，这意味着本来应由公共部门实施的业务委托给私营企业完成。换而言之，对于BOT项目而言，东道国政府/承购方的角色并不一定是公共部门担任，其他私营企业也可以。例如，20世纪90年代初期，日本对电力产业放松管制时采用的IPP项目以及2012年随着固定电价（Feed-in Tariff，FIT）制度[①]的出台实施的风力发电及太

[①] 译者注：FIT是欧洲、美国及日本等国家和地区引入的新能源补贴政策。为了鼓励私营企业开发新能源电力，政府制定FIT政策，规定承购方（政府部门或电力公司）在购买新能源电力时需要在购买价格中包括新能源开发成本。国家通过补贴新能源电力成本与常规上网电价的差额，使技术尚未成熟和开发运营成本仍然较高的新能源供电项目能够有长期稳定的合理回报，从而吸引部件和系统供应商、运营商及投资人积极参与，进而推动整个行业的持续发展。

阳能等新能源发电项目中，承购方均是民间电力公司。综上，BOT与PFI/PPP并不是对立的，而是可兼容的概念，表示不同视角下的同一概念。

5.4　PFI 与 PPP 的关系

PPP与PFI也被赋予了众多含义，但并没有统一的定义。正如1.1所述，PFI在1992年英国保守党政权下诞生，后来在劳动党政权下被称为PPP。笔者认为PPP的引入只是为了缓和PFI过度强调竞争原理的印象，与PFI没有本质上的区别。虽然广泛认为PFI/PPP于20世纪90年代在英国诞生，但PFI诞生之前已经存在私营部门运营并提供公共服务的项目，这些项目也被认为是PPP项目，因此PPP是英国PFI诞生之前就已经存在了的。

国际货币基金组织的工作论文（WP/09/144）[1]中对PPP的定义如下："PPP是一种私营部门参与公共设施和服务供给的制度安排，而这些设施和服务传统上是由政府提供的。"

这个定义体现了以往由公共部门提供的产品及服务现在由私营部门提供这一PPP的本质属性，因此被认为是最恰当的定义。这个定义中所包含的项目类别也是以往由公共部门管理及运营的项目，从这一点上，PPP与民营化没有本质区别。然而在这个定义中并没有提及民间资本（Private Finance），这意味着不包含设计与施工（这是民间资金的用途，详见7.2.3）、仅提供产品或服务的项目也包含在PPP项目中。根据此定义，曾经在日本实施的市场化实验，即将公共业务委托给私营企业的项目也属于PPP项目。因此，PPP是比PFI更广泛的概念。但上述论文关于PPP的定义中同时也提到了"PPP项目中私营部门通常同时负责项目的建设与运营"，这也体

第 5 章 资源·基础设施 PPP 项目内容

现了 PPP 的本质是包含设施的设计与施工的,并且民间资本是被使用在设施的设计与施工阶段的。

在国际货币基金组织的另一篇论文 "Public-Private Partnerships, Government Guarantees, and Fiscal Risk"[2] 中,PPP 被定义为"将传统上由公共部门实施或投资的项目移交给私营部门",此外还附加了 PPP 的两个特征:重点在于服务供给和私营部门投资;公共部门将一定的风险转移给私营部门。根据上述定义和说明,PPP 的本质在于将民间资本投入设施的设计与施工中,因此本质上与 PFI 相同。

遗憾的是在日本有很多本质上不是 PFI 的 PPP 项目被称为 PFI 项目,甚至一些根据上述定义不是 PFI 或 PPP 的项目也被称为 PFI 或 PPP 项目,而这些项目也依据日本 PFI 法进行管理和运作。

5.5 不包括设施设计和建设的 PPP 项目

如 5.4 所述,不包含设计与施工、仅提供产品或服务的项目,根据定义也属于 PPP 项目,但这些项目并不是 PPP 项目的主流,同时也并不意味着不能采取这种模式。需要注意的是,虽然同属于 PPP 项目,但其前提理论并不相同。包含民间资本投入项目设计与施工的 PPP(PFI)项目是民间资本对项目的投资(详见 7.2),而不包含设计与施工的 PPP 项目原则上不存在私营企业的资本投入(土地使用、设备采购等支出),因此项目中没有包含民间资本的投资。这意味着包含或不包含设计与施工的 PPP 项目在是否成立项目公司、是否通过项目融资筹集资金及如何评价私营企业的收益等方面均存在不同。据笔者所知,还很少有文献能够解释上述不同类别(是否包含设计与施工)PPP 项目理论的不同,因此也无法对这些 PPP 项目的不同之处进行区别。在此意义上，需要慎重考虑应用什么理论指导不包含设计与施工的 PPP 项目的运作。

5.6　DBO 项目

日本的废物处理项目中，私营企业对设施进行设计和建设，在设施完工时将设施的所有权移交给地方政府部门，同时获得完工报酬，随后该私营企业受地方政府部门委托对该设施进行运营及维护管理。这在日本被称为 DBO（Design Build Operate）项目。DBO 项目不存在私营企业对项目的投资，对于是否成立项目公司、是否应采用项目融资筹集资金及如何评价私营企业收益等方面与使用民间资本对设计与施工进行投资的 PPP（PFI）项目均有所不同。而且，由于私营企业没有对项目进行投资，需慎重评价 DBO 项目是否实现了物有所值[①]。

[①] 日本采用DBO项目模式的主要理由为通过地方政府债券筹集资金的成本小于PFI的资金成本。然而，日本的地方政府债券之所以利率低是因为日本政府为地方政府债券提供了担保，这点体现了日本的特殊性。资源·基础设施PPP项目的成败取决于项目发起人的项目实施能力（详见8.12）。东道国政府/承购方通过项目合同委托社会资本方兼运营维护商出资成立的项目公司负责包括设计、施工及运营维护的一体化业务。而在日本的DBO项目中，地方政府与设计企业、施工企业签订设计、施工合同，与项目公司签订运营委托合同。这种形式下地方政府和企业之间并不是施工运营一体化的合同关系，因此并不依赖于社会资本方兼运营维护商的项目实施能力。日本DBO项目中，地方政府与项目发起人及项目公司委托的分包商之间签订基本合同。也许有人认为这个基本合同的存在代表了将项目整体委托给私营企业实施。然而，通常在基本合同中规定各私营企业在设计、施工、运营及维护管理上的业务分工，意味着各业务之间并列进行的关系，并没有体现出对社会资本方兼运营维护商项目实施能力及对项目进行整体管理的要求。虽然在PFI项目中，项目公司分别与EPC承包商和运营维护商签订EPC合同和运营维护合同，但两者并不是并列关系。签订运营维护合同的目的是支付运营维护成本。如5.2中所述，运营维护业务费中并不包括运营维护商的利润。该利润是以资本分红的形式支付给项目发起人兼运营维护商的。因此，运营维护合同与EPC合同之间并不是一种并列关系，EPC承包商应被理解为具有项目综合实施能力的社会资本方兼运营维护商的分包商。

5.7 Hakomono PFI 项目

日本的 PFI 项目以 Hakomono PFI 项目为主。Hakomono PFI 是指私营企业只负责项目的设计、建设与维护管理，运营没有被包含在 PFI 项目中。这里需要留意设施的维护管理不等同于运营。有人将这种 Hakomono PFI 称为 BTO（Build Transfer Operate）模式，但 BTO 模式中的 O 表示项目运营，由于 Hakomono PFI 并不包括运营，因此不是 BTO 模式而是 BT 模式。日本也曾经提倡实施以运营为重点的 PFI，然而这种所谓的以运营为重点的 PFI 项目中大多没有真正以运营为主体，只是把运营作为附加业务考虑。在此意义上，日本大多数的 PFI 实质上并不是真正的 PFI 或 PPP。相反，这种将运营随意附加到 PFI 项目的做法违反了业务单一性原则（详见 8.4.1），这种项目不应被视为 PFI 项目。遗憾的是英国也存在这种 Hakomono PFI 项目，6.2.3 将对此进行详述。

第 6 章 采用资源·基础设施 PPP 项目的理论依据

6.1 资源·基础设施 PPP 项目收益的来源

采用资源·基础设施 PPP 项目的主要原因是其能为东道国政府／承购方和社会资本方带来收益。只对一方有利的制度不具有合理性且在实践中也具有不可持续性。资源·基础设施 PPP 项目给双方带来的收益源于何处？

可以通过如下两个原则理解资源·基础设施 PPP 项目收益的来源：

（1）对于项目中存在的风险，熟知该风险并能控制该风险的主体能够以最低成本承担该风险；

（2）通过导入市场机制，社会资本方能够提供更有效率（低价格）的服务。

上述两方面在某种意义上具有相同的含义，只是视角不同。其要点在于若社会资本方能够控制的风险由社会资本方承担，就能实现较低的项目成本。具体的资源·基础设施 PPP 项目成立与否在一定程度上取决于该项目是否为东道国政府／承购方与社会资本方带来收益，及双方能否对这些收益进行合理分配。以下用"东道国政府／承购方收益评价指标（详见 6.2）"和"社会资本方收益评价指标（详见 6.3）"对项目收益及收益的合理分配问题进行阐述。

第6章 采用资源・基础设施PPP项目的理论依据

在前述论文"Public-Private Partnerships, Government Guarantees, and Fiscal Risk"[2]中，描述传统模式与PPP模式的区别时提到：PPP模式由民间部门负责设计、建设与运营一个公共设施，能够提高公共服务供给效率。此外，在提到采用PPP模式的理由时强调了私营企业实施DBFO项目能够提高服务效率。

根据上述项目收益的来源，若社会资本方为公共法人，其业务能力便会受到质疑。另一方面，在资源・基础设施PPP项目中，社会资本方兼运营维护商的业务能力将受到审查，公共部门需留意不应对公共法人的社会资本方评价过高，一般而言，优先债权人也不会对这种社会资本方提供项目融资（详见8.7.2）。

6.2 东道国政府／承购方收益评价指标

6.2.1 物有所值评价

对东道国政府／承购方而言，特别是发达国家，PPP项目的收益主要表现为物有所值（Value for Money, VFM）。简而言之，物有所值是指PPP模式下的项目成本小于传统模式下的项目成本，其原因便是PPP模式能够带来收益。评价物有所值需要计算传统模式下政府在项目期内需承担的财务成本的现值（PSC）与政府在PPP模式下项目期内需要承担的财务成本的现值（LCC）。若PPP项目的LCC小于PSC，则意味着PPP项目实现了VFM，相反，若LCC超出PSC，则意味着PPP项目没有实现VFM。

由于在计算物有所值时存在较大的自由裁量权，有可能存在事前已决定采用PPP模式，事后通过操作物有所值计算支持已有决定的风险。结果导致东道国政府／承购方承担较大的财政负担，最终是以税金的形式由民众承担。英国的很多PFI项目也并没有实现物有所值（详见6.2.3），这意味着实践中如何计算物有所值是非常重要的课题。笔者期待相关研究能够进一步深入讨论定量评价在实践中是否真正可行，或者只能对物有所值进行定性评价。

严格来说，单位货币的项目价值的增加意味着物有所值的增加，因此若增加资源·基础设施PPP项目价值，则物有所值也会增加。但这里需要考虑增加项目价值对东道国政府/承购方的必要性。东道国政府/承购方通常会在招标文件中规定满足其最低标准。因此，需要慎重考虑超过该标准对东道国政府/承购方的必要性，以及最终对国民的必要性[1]。

6.2.2 附加效果

在很多发展中国家，物有所值评价并没有受到重视。这也许是因为项目的运营为国家经济发展做出贡献，因此对于东道国而言，项目带来了物有所值无法评价的额外收益。然而，这种无法通过物有所值评价的收益往往难以量化，随意地将这些要素引入资源·基础设施PPP项目中只会使部分社会资本方获利，最终给民众带来无

---

[1] 在日本的PFI中，一般认为可以对价格以外的要素赋予较大的权重进行评价。笔者并不主张一概不需要考虑附加要素的价值。但在具体项目中往往很难对这些附加价值进行明确的评价，包括评价主体，客观的评价标准在内。日本比较成功的商业经验表明为"附加要素价值越大，该附加价值带来的销售量越大"。但对发展中国家而言，对价格以外的要素赋予较高的权重评价将会给东道国政府/承购方带来较大的财政负担，需要慎重考虑。该附加价值也许只是一种不必要的"奢华"。至少在英国早期的PFI项目的招标过程中，价格是唯一的评标标准，只有在价格差异很小的情形下才会考虑价格以外的要素。

资源·基础设施PPP项目的本质在于运营，而且根据标准决定运营提供的产品或服务内容（详见8.1）。因此，在满足标准的前提下，项目公司是否能够以低价格向东道国政府/承购方提供产品或服务至关重要。无论是什么附加价值，社会资本方都需从运营的视角判断其价值所在，最终该价值会体现在项目公司提供给东道国政府/承购方的产品或服务的价格中。也许有人认为应该对安全要素进行评价，但这种价格以外的要素本质上应是东道国政府/承购方在招标阶段设置标准时需要考虑的问题，应通过适当地设置标准解决该问题。由于PPP项目的本质为运营，通过运营提供的产品或服务水准是最重要的评价指标。在性能水准要求上，是否通过运营提供的产品或服务满足标准至关重要。换而言之，需要慎重考虑产出或性能是否达到了标准，满足标准条件下的附加价值是否必要，谁应该对附加价值的必要性进行判断。典型项目2是比较容易理解的例子。在典型项目2中，只要具备一定程度电量的供给能力，往往不需要附加价值。

第 6 章　采用资源·基础设施 PPP 项目的理论依据

谓的负担，需要引起政府特别是发达国家政府的注意。

对于发展中国家而言，资源·基础设施 PPP 项目给东道国政府/承购方带来的收益主要表现为附加效果（Additionality）[3]。基础设施的设计与施工需要花费大量成本（资金流出），随后在长期的运营过程中逐渐获得收益（资金流入），两个阶段之间现金流存在缺口。另一方面，由于流动性约束，发展中国家政府往往无法通过发行债券筹集公共投资资金，从而无法实施基础设施项目。由于采用资源·基础设施 PPP 项目可以间接地通过社会资本方筹集项目资金，附加效果意味着在财政制约下政府可以通过实施资源·基础设施 PPP 项目增加公共项目的投资资金。这种附加效果本身有其存在的合理性，但需要考虑如下问题：东道国政府/承购方能否真正确保未来能够偿还投资于该项目的资金（包括私营企业和优先债权人的利润）。例如，在典型项目 2 中，承购方 X 将购买到的电力销售给国内企业和消费者，这就要求销售收益必须能够确保偿还投资资金。于是可能存在的问题便是销售收益是否满足上述条件，若无法满足，最终还需要承购方乃至东道国政府投入资金进行填补。就此意义而言，东道国政府缺乏足够的资金与附加效果并不是一回事，需要留意在没有确保偿还社会资本方投资资金的情况下实施资源·基础设施 PPP 项目不具有可持续性①。

6.2.3　替代政府财政支出的经济刺激及表外债务

有人认为基础设施 PPP 项目能够替代政府财政支出起到刺激经

---

①在实务操作中，发展中国家的基础设施投资和收益往往以美元作为计量单位，因此该发展中国家是否具有足够的美元储备用于支付该项目至关重要。另外，由于发展中国家能够用于支付的美元数量有限，其不可能无限地实施 PPP 项目。例如，数年前越南出台了一项政策规定承购方支付对价中美元只占其中一部分比例，最终导致新项目不断被拖延。近年来非洲的基础设施投资也面临同样问题。由于发展中国家基础设施投资需要的美元需要通过出口商品贸易获得，在有限的美元支付能力下会首先选择投资优先等级较高的基础设施。此外，在发展中国家的民间投资同样存在美元支付风险（汇率风险）。

济的作用。2009年10月在韩国首尔举办的亚欧会议（Asia Europe Meeting, ASEM）上，包括笔者在内的与会代表也针对此问题进行了讨论，结论是不应将刺激经济作为实施PPP的主要目的。

与此相关，也有人从表外债务的视角认为东道国政府应该引入PPP，公共部门应积极地引入社会资本方的运营管理技术。暂不考虑公共部门是否应引入社会资本方的运营管理技术，在亚欧会议上得到的结论是东道国政府应将PPP项目中的未来支付负担作为表内债务进行债务管理。无论会计准则是否要求表外债务，东道国政府实质上承担偿还PPP项目未来债务支付义务，若将表外债务作为引入PPP的主要目的，最终可能给民众带来无谓的负担[4]。

即使在PFI及PPP的诞生地英国也存在很多Hakomono PFI。也有报道称英国的很多PFI项目并没有实现物有所值或物有所值较低。尽管如此，似乎刺激经济和表外债务仍是政府引入PFI的主要动机。近年来，有很多专家学者认识到这些问题，PFI及PPP的普及程度在急速降低。真正遗憾的是公共部门在缺乏对PPP本质正确理解的条件下实施PPP项目，使本应给民众带来收益的PPP项目并没有实现预期目标。

6.2.4 "政府资金缺乏因此利用社会资本"的错误观点

如6.2.3中所述，基础设施PPP项目经常被认为是由于政府缺乏项目资金，因此可以通过PPP项目利用社会资本。然而这种观点并没有正确理解财政与金融的区别。国家/地方政府支出是为了实现某种目的的财政支出，支付完成则意味着财政支出的结束。而民间资金投入则不仅是为了某种目的的资金投入，更是一种投资。当社会资本方投入项目资金，该资金及利润应被偿还给企业。偿还资金来自两种渠道，一种是针对承担市场风险型的基础设施PPP项目（详见8.9.1），原则上来自使用者付费；另一种是可用性付费型的 PPP 项目（详见 8.9.2），来自承购方的支付对价，而承购方的支付对价的资金最终来自政府。在此意义上，对于可用性付费 PPP 项目而言，"政府资金缺乏因此利用社会资本"的观点本质上是错误的。在可用性付费类型的基础设施 PPP 项目中，政府负担可以从 100% 降低到 90%，但无法降低到 0。

另外，针对承担市场风险型的基础设施 PPP 项目，投资偿还资金来自使用者付费。在此情形下，存在 100% 的政府负担降低到 0 的可能性。然而，承担市场风险型基础设施 PPP 项目通常实施难度较大（详见 9.1.1）。因此，东道国政府、社会资本方及优先债权人需慎重判断是否应实施承担市场风险型基础设施 PPP 项目。出于"政府缺乏资金"的动机实施 PPP 项目可能对风险分担等各方面产生不利的影响，从而影响到项目目标的实现。

6.3 社会资本方收益评价指标

社会资本方的收益评价指标为资本金内部收益率（Internal Rate of Return on Equity）。资本金内部收益率与项目内部收益率都是非常适合用来解释项目融资杠杆效应的指标，笔者将在 11.2 中对此进行详细说明。对社会资本方而言，资本金内部收益率是否能够达到适当的水准至关重要。无论对东道国政府而言，项目的物有所值有多大，若资本金内部收益率较低，对以营利为目标的社会资本方而言，实施该项目无法为其带来财务收益。这恰恰反映了 6.2.1 中所提及的论点，即项目产生充分收益对社会资本方至关重要。

这里需要注意的是，资本金内部收益率是衡量项目投资效率的指标，它是以社会资本方对项目的投资金额的百分比表示投资效率的。由此可知，对于社会资本方而言，投资资源·基础设施 PPP 项目时给其带来的收益直接体现在项目出资回报上。相反，EPC 承包商通过 EPC 合同获得的利润并不代表社会资本方通过投资资源·基础设施 PPP 项目获得的直接收益（详见第 8 章）。

关于资本金内部收益率需要达到一定水准这一观点，在一些国家并没有得到政府或承购方的理解。对社会资本方而言，并不是只要实现收益就能满足其目标。社会资本方的最终利润指标是从内部收益率中扣除贷款利率后的利率（详见 11.2.1）。例如，社会资本方的项目资本金内部收益率为 10%，贷款利率为 4%，则该社会资本方的最终收益率为 6%。因此，要保证社会资本方获利，资本金内部收益率至少要高于项目贷款利率。此外，即使资本金内部收益率高于项目贷款利率，若资本金内部收益率很低，则意味着该社会资本方没有有效地使用该资金，这将损害社会资本方的企业价值。换而言之，社会资本方的股东将资产变卖为现金，用来投资其他较高收益的项目将会获得更大收益。因此，资本金内部收益的水平必须确保社会资本方能够获得适当的利润。这意味着社会资本方决定是否投资资源·基础设施 PPP 项目将取决于该项目是否能够实现满意的资本金内部收益率。社会资本方资本金内部收益率的上述特征，对于理解不可抗力等引起的风险分担（详见 9.1）及资源·基础设施特许权协议/承购合同/PPP 项目合同变更（详见 8.10）至关重要。

在日本的 PFI 及 PPP 中，利用社会资本方的知识与能力及民间活力等被认为是引入社会资本的主要理由。然而这种观点只是一种没有意义的美言佳句，体现出缺乏对 PFI 及 PPP 本质的理解。如"海外基础设施投资"这个词语所体现出的，资源·基础设施 PPP 的本质在于社会资本方的投资，运营维护商作为社会资本方出资成立项目公司，运营项目并获得收益是前提条件。基础设施是为了运营而实施设计与施工，设计与施工只是实现运营的手段而不是目的。以下第 7 章对资源·基础设施 PPP 项目的本质——投资——进行进一步说明。

第 7 章 资源·基础设施 PPP 项目的本质

7.1 资源·基础设施 PPP 项目成立项目公司的理由

资源·基础设施 PPP 项目中，与东道国政府／承购方签订项目合同的合同主体不是社会资本方而是项目公司。为什么社会资本方不是项目合同主体而需要成立项目公司呢？

7.1.1 是因为存在多个社会资本方吗？

成立项目公司也许是因为在资源·基础设施 PPP 项目中通常存在多个社会资本方，他们共同出资成立合资公司，并由此合资公司作为项目公司负责实施该项目。如果这个理由成立，则意味着东道国政府／承购方必须与信用等级一般低于社会资本方的项目公司签订合同。项目公司的信用等级不会高于社会资本方，若社会资本方或者与项目公司签约的其他项目参与主体不为项目公司承担的（对东道国政府／承购方的）项目合同债务提供担保，与项目公司签订项目合同将损害东道国政府／承购方的利益（详见 8.7.4）。然而，在实践中并不存在上述担保，在很多国家的 PPP 项目指南中也指出社会资本方不应提供这种担保。例如，英国 PFI 合同标准化（第 4 版）[5] 明确指出，在传统模式中政府往往要求承包商的母公司为其提供按时履约担保。然而这种担保不适用于 PFI 项目，也不应该作为社会资本方投标的前提条件。因此，多个社会资本方的存在并不是资源·基础设施 PPP 项目中成立项目公司的理由。

7.1.2 是因为通过项目融资筹集项目资金吗？

从项目融资的视角来分析，借款人必须为项目公司，这也许是资源·基础设施 PPP 项目需成立项目公司的理由。然而，项目融资对社会资本方有利有弊，因此社会资本方并不总是通过项目融资筹集资金（详见 11.2 和 11.4）。而且，并不是所有的社会资本方都能够通过项目融资筹集资金。因此，把通过项目融资筹集资金作为成立项目公司的理由并不成立（详见 11.4.2）。

7.1.3 是为了与社会资本方破产隔离吗？

若社会资本方直接负责实施资源·基础设施 PPP 项目，社会资本方破产会导致项目无法继续。与社会资本方破产隔离也许是资源·基础设施 PPP 项目需要成立项目公司的理由。对公共性较强的基础设施 PPP 项目而言，应尽量避免因与该项目无关的其他项目的收益恶化而导致该项目无法持续，因此，在法人层面上将资源·基础设施 PPP 项目与社会资本方的其他项目分离是有一定意义的。然而，对东道国政府/承购方而言，项目合同主体破产时的基本应对措施为解除现有项目合同并与其他社会资本方缔结新的项目合同（详见 14.5.2）。而在实际操作中，项目公司破产的首要对策是优先债权人行使介入权，此时东道国政府/承购方需在优先债权人的判断和决策的基础上进行决策（详见 14.5.2）。在此意义上，东道国政府/承购方并不是主动地应对项目公司破产情形。因此，与社会资本方破产隔离并不是需成立项目公司的理由。基于项目所有者兼运营维护商的原则，社会资本方破产会导致资源·基础设施 PPP

第7章 资源·基础设施 PPP 项目的本质

项目无法继续运营,最终导致项目公司的破产(详见 8.2)。而且,由于项目公司的信用等级不会高于社会资本方,若担心社会资本方可能破产,则不可能选择破产概率更高的项目公司作为合同主体。特别是在运营成本增加时,若社会资本方为项目合同主体,其信用等级越高越容易承担该增加成本以履行项目合同中规定的运营义务(详见 8.7)。相反,若项目公司为项目合同主体,则缺乏支付此类增加成本的资金。因此,若以与社会资本方破产隔离作为成立项目公司的理由,则社会资本方应对项目公司承担的项目履约债务进行担保,否则将损害东道国政府/承购方的利益(详见 8.11)。然而,如 7.1.1 所述,该担保并不存在。

与资产证券化不同,资源·基础设施 PPP 项目中实际上存在项目公司破产的可能性。需要注意的是,那些认为资源·基础设施 PPP 项目与资产证券化相似的主张实际上并没有理解两者之间的本质区别。

资产证券化的对象是资产。资产证券化的核心是该资产产生的现金流,同时该现金流的下方风险较低(现金流波动性较低),因此是以项目公司不破产为前提条件的。相反,若现金流的下方风险较大,资产证券化本身不会成立。因此,在资产证券化中为了确保项目公司不破产,有必要将项目公司与社会资本方破产隔离。此外,在资产证券化中,资产由社会资本方转让给项目公司,这种转让意味着真正地将资产出售给项目公司。在资产证券化中,现金流的变化受资产管理公司管理绩效等多方面因素的影响,这些都应该在资产下方风险的范畴内。而在资源·基础设施 PPP 项目中,项目产生的现金流的大小依赖于社会资本方兼运营维护商的项目实施能力。即社会资本方兼运营维护商的项目实施能力可能会引发项目现金流下方风险(现金流波动性较大),从而导致项目公司破产。而且,若社会资本方破产,项目也无法持续。因此,资源·基础设施 PPP

项目不是为了与社会资本方破产隔离，而是在项目公司可能破产的前提下考虑应对措施。该应对措施将在 14.5.2 中进行阐述。另外，项目与资产的区别将在 10.4 中叙述。

7.1.4 是为了监督资源·基础设施 PPP 项目吗？

从监督资源·基础设施 PPP 项目（或资源·基础设施 PPP 项目的透明性）的视角来看，也许需成立与社会资本方具有不同法人资格的项目公司。但若只是针对项目技术方面的监督，没有必要成立项目公司。若是对项目财务方面进行监督，项目公司也许有其存在的意义。但在日本的 PFI 项目融资实践中，项目公司将所有的项目风险转移给承担项目各业务的承包商，项目财务上的问题不会出现在项目公司的财务报表中。因此若社会资本方不为项目公司承担的项目合同债务提供担保，将会损害东道国政府/承购方的利益。但如 7.1.1 所述，社会资本方不为项目公司的债务提供担保。在此意义上，监督资源·基础设施 PPP 项目（或资源·基础设施 PPP 项目的透明性）可能是项目公司存在的附加理由，但不是本质理由。

7.2 社会资本方对资源·基础设施 PPP 项目的投资

在资源·基础设施 PPP 项目中成立项目公司本质上是因为私营企业采用了投资的手法。一般而言，投资有着多重含义，有诸如股票投资或用于自身的投资等。然而，社会资本方对资源·基础设施 PPP 项目的投资有着特殊含义，以下进行具体说明。

7.2.1 社会资本方资金投入

社会资本方对资源·基础设施 PPP 项目的投资本质上是一种资

第 7 章 资源·基础设施 PPP 项目的本质

金投入。即社会资本方是投入资金的主体，它通过向项目公司注入资本金的形式投入资金。

7.2.2 项目实施是为了社会资本方的收益

社会资本方对项目投入资金并使项目产生收益。与一般的金融投资不同，资源·基础设施 PPP 项目中的投资并不是通过投资对象的价格上涨获得收益的。社会资本方投入的资金被用来实施项目，社会资本方通过该项目产生的现金流获得收益。换而言之，通过项目运营产生收益是资源·基础设施 PPP 项目投资的本质。因此，私营企业在资源·基础设施 PPP 项目中获得的收益最终以社会资本方出资回报的形式实现，如采取股本分红的形式[①]。

7.2.3 社会资本方投入资金的使用用途

社会资本方出资实施项目，并从该项目产生的现金流中获得收益，这要求该项目必然是长期盈利的。在此意义上，运营（包括运营的管理）是资源·基础设施 PPP 项目的本质。社会资本方投入的资金被用于设施的设计、施工以及相关成本的支出，而运营相关成本由运营产生的现金流收入弥补。

此外，若项目规模较小也可以考虑通过租赁设施对项目进行运营。租赁设施意味着不产生设计建设等初期成本，但同时也意味着没有使用投资手段。而且，若采用租赁形式，项目结束时无法将设施的所有权返还给东道国政府／承购方，因此不属于 BOT 项目。综上，若基础设施的重要部分采用租赁的形式，需要留意该项目本质上可能已经不是资源·基础设施 PPP 项目了。

---

① 严格来说，从现金流的视角来说，支付给项目发起人的报酬中不仅包括股本分红，而且包括股本资金。这意味着从纳税的视角需要对项目发起人的利润（股本分红）和股本资金进行区别。此外，若使用次级债，项目发起人报酬中还应包含本金和利息。关于项目发起人的报酬的描述详见13.3。

7.2.4 投资的有限责任

项目投资的有限责任是很多资源·基础设施PPP项目及项目融资的教科书中没有涉及的重要事项。所谓有限责任是指，在资源·基础设施PPP项目中，虽然社会资本方承担着无法回收股本资金的风险，但也不会无限承担风险（投资金额以上的责任风险）。合理的社会资本方不仅无法承担这种无限责任的风险，更加无法确保以投资额为计算基准的合理的资本金内部收益率。在此意义上，无论是否使用项目融资，社会资本方都应承担有限责任。确保法律上对有限责任的担保是资源·基础设施PPP项目中成立项目公司的真正理由。因此，实质上项目公司的成立是为了保障社会资本方能够承担有限责任，而并不是出于对东道国政府/承购方的考虑。7.2.6将对社会资本方的有限责任进行具体说明。

项目公司通常是股份公司，但由于项目公司的所有者承担有限责任，项目公司的形态并不一定局限于股份公司。出于税务上的考虑[①]，国外常采用有限责任公司的形式，之前还采用过有限合伙制的形式。在有限合伙制的情形下，社会资本方为有限责任合伙人，承担无限责任的一般合伙人为项目的发起人成立的项目公司，社会资本方实质上仍然承担有限责任。

此外，本书为了阐述方便以社会资本方股本投资为前提条件，但这并不意味着实践中项目公司一定是股份公司。

7.2.5 基本合同的妥当性

在资源·基础设施PPP项目中，东道国政府/承购方在与项目

[①] 股份公司中若资产负债表中不存在可供分配的利润，公司无法对股东进行分红。然而在项目融资情形下，现金流结构中若存在现金流瀑布规定的可供分配的利润，即使资产负债表中不存在可供分配的利润，同样可以对项目发起人进行股本分红。因此，为了避免对可供分配利润的制约，项目公司有时会选择与股份公司不同的法人形式（详见13.3）。

第 7 章　资源·基础设施 PPP 项目的本质

公司签订项目合同之前，有时会与社会资本方及 EPC 承包商等受项目公司委托的各业务承包商签订基本合同。这些合同的签订有时是为了遵循招标程序的相关法律规定。然而，若这些基本合同中规定社会资本方或各承包商为项目公司的履约债务提供担保，这种做法就违反了资源·基础设施 PPP 项目的本质。如 7.1.1 中所述，资源·基础设施 PPP 项目不允许这种担保的存在。

7.2.6　向社会资本方转移项目风险的意义

资源·基础设施 PPP 项目中，项目合同中存在的风险中哪些可以转移给社会资本方是需要考虑的重要事项。这里需留意，由于只承担有限责任，即使把某些风险转移给社会资本方，他们也不会无限地承担该风险。这意味着社会资本方不会承担最终可能导致它们破产的风险。东道国政府 / 承购方只拥有项目合同规定的法定权利（对项目公司只具有一定范围的追索权利，该范围大小取决于社会资本方的有限责任），超过该有限责任范围的风险应由东道国政府 / 承购方承担。以下针对这一点进行详细说明。

首先，资源·基础设施 PPP 项目中的风险主要可以分为两种类别：（A）项目业务内容相关的风险；（B）阻碍项目公司履行其应履行义务或者履行该义务导致项目成本增加的风险（详见 9.1.1）。对于（A）类风险，若项目公司无法承担此类风险，则需考虑该项目是否应该采用资源·基础设施 PPP 模式。以项目公司能够承担（A）类风险为前提，（B）类风险的发生会对项目产生显著影响，需考虑东道国政府 / 承购方和私营企业谁应该承担该类风险。例如，运营风险是属于（A）类风险，在考虑风险转移问题时需考虑项目公司能否承担该风险。而以项目公司能够承担运营风险〔（A）类风险〕为前提，当不可抗力风险〔（B）类风险〕发生导致项目公司无法继续运营时，此时需要考虑东道国政府 / 承购方和项目公司应如何分担该不可抗力风险〔（B）类风险〕。因此，"将项目风险转移给项目公司"意味着"项目公司能够承担（A）类风险"。

以可用性付费型的资源·基础设施PPP项目的运营风险为例，项目公司可以通过（1）项目公司与东道国政府/承购方之间资金转移；（2）项目公司内部的成本负担，这两种方式承担风险。以下对这两种方式进行详细阐述：

（1）项目公司与东道国政府/承购方之间资金转移

运营期内基于项目公司的原因导致无法实现并维持项目合同要求的性能水准意味着项目公司对项目合同的债务不履行（详见9.1.3）。根据民法一般原则，项目公司应承担因其债务不履行给东道国政府/承购方带来的损害赔偿义务。

然而，即使承担法律上的损害赔偿责任，项目公司一般也不具备支付损害赔偿金的能力。在此意义上，即使在项目合同中规定了项目公司的赔偿义务也缺乏实效性（详见8.11）。因此，项目公司承担运营风险并不意味着项目公司向东道国政府/承购方支付额外的赔偿金。在可用性付费类别的项目中，项目公司承担运营风险的方式只能是扣减可用性付费（项目公司无法从东道国政府/承购方获得原本应获得的对价款，详见8.9.2）。

上述原则同样适用于因项目公司导致项目合同中止的情形。在一般条件下，根据民法规定，项目公司应赔偿东道国政府/承购方的损失。但在可用性付费类型的资源·基础设施PPP项目中，项目公司无法通过支付损害赔偿金的形式承担东道国政府/承购方的损害赔偿责任。项目公司实际承担的责任具体表现为，项目终了时东道国政府/承购方只向项目公司支付扣减一定比例（例如30%）后的项目设施回购价格（通常是未支付的可用性付费的现值）。因此，在基于项目公司的原因导致项目中止时，项目公司承担风险的方式仍然是扣减可用性付费（私营企业无法从东道国政府/承购方获得

第 7 章 资源·基础设施 PPP 项目的本质

原本应获得金额)。

以上项目公司承担运营风险方式的讨论同样也适用于设计施工期的完工风险。在设计施工期间,基于项目公司的原因导致项目无法完工时,即使在项目合同中规定项目公司承担赔偿义务,也并不具有实效性。因此,在这种情形下,通常赋予东道国政府／承购方解约的权利,不仅规定项目公司承担一定金额的损害赔偿义务,而且在签约时引入银行保函与备用信用证作为该损失赔偿义务的信用增级措施。于是,项目公司承担赔偿责任的上限便为社会资本方的出资金额加上银行保证金额的总和[①]。

若在运营维护合同及 EPC 合同中规定运营维护商及 EPC 承包商承担赔偿责任,项目公司是否就可以承担有限责任以上的责任呢？东道国政府／承购方并不是运营维护合同及 EPC 合同的主体,无法也不应对运营维护合同及 EPC 合同的内容进行控制。在资源·基础设施 PPP 项目中,东道国政府／承购方时常想参与运营维护合同及 EPC 合同条款的设置,这也许是因为在问题发生时,议会议员会主张政府应对项目进行全面监督和控制。但需要留意这种做法违反了将项目委托给社会资本方运行的资源·基础设施 PPP 项目的本质。相反,假设运营维护合同和 EPC 合同中包含对东道国政府／承购方不利的条款,若东道国政府／承购方要求合同备案但却没有发现这些不利条款,则存在法庭判定东道国政府／承购方必须接受这些条款的风险。从此意义上而言,东道国政府／承购方参与运营维护合同及 EPC 合同条款的制定百弊而无一利。

关于这一点,英国的 PFI 合同标准第 4 版[5]中明确说明"可通过项目文件、担保及行政主体与承包商之间的直接协议为政府提供必要的便利和保护"。但东道国政府／承购方不得干涉项目相关合同条款的设置。而对优先债权人而言,从项目融资的视角需参与项

[①] 有些项目只需要银行保函,而不需要社会资本方的信用担保。核心问题是项目公司负债股权比率的大小,其决定了社会资本方承担的风险大小。

目合同条款的设置，这是因为优先债权人实质上承担了一定的运营风险（详见12.3.3）。但这并不意味着运营维护商及EPC承包商在运营维护合同及EPC合同中承担无限责任。而且，如7.1.2中所述，并不是所有项目都是通过项目融资筹集资金的。因此，虽然东道国政府的利益受到项目合同的保障，但这种保障往往是不完全的。换言之，没有必要寻求对东道国政府/承购方利益的完全保障。

当可用性付费被扣减时，项目公司支付给社会资本方的分红也会相应地减少。根据所有者兼运营维护商的原则，社会资本方与运营维护商是同一法人主体（详见8.2）。因此，社会资本方与东道国政府/承购方之间资金转移的风险分担方式最终表现为由社会资本方承担无法回收其投资的风险，因此，在此意义上，社会资本方承担有限责任。

（2）项目公司内部的成本负担

在资源·基础设施PPP项目运营过程中，与运营风险相关的另外一个风险是运营成本高于预期成本的风险。运营成本风险可能会在两种情形下发生。首先，因项目公司无法实现项目合同中规定的性能水准时，运营成本增加。其次，项目公司达到了项目合同中规定的性能水准，即在不存在对东道国政府/承购方的损害赔偿情形下，出现了运营成本的增加。因此，即使项目公司实现项目合同规定性能水准，同样也会发生运营成本风险。由于运营维护商基于运营维护合同负责实施项目合同中规定的运营业务，增加的运营成本将由运营维护商承担。此时需要考虑运营维护商如何承担该增加成本。

首先，不是由于项目公司（事实上是运营维护商）导致的，如不可抗力等引起的（B）类风险发生时，增加成本应由东道国政府/承购方承担。东道国政府/承购方通过项目公司向运营维护商支付该成本。

第7章 资源·基础设施 PPP 项目的本质

其次，对于（A）类风险，即项目公司可以承担的风险，需要考虑因项目公司（事实上是运营维护商）导致的增加成本如何分担的问题。在这种情形下，东道国政府/承购方当然不会承担该增加成本。于是可能会出现两种情形：（x）运营维护商承担该增加成本，不要求项目公司支付；（y）运营维护商要求项目公司支付该增加成本。

若在 EPC 施工阶段出现了成本超支，如 3.1.3 中所述，由于 EPC 合同是固定总价合同，EPC 承包商将承担该增加成本，并不会要求项目公司承担。因此，在项目完工风险中，本应由项目公司承担的相关风险被转移给了 EPC 承包商。这一点将在 9.3.1 中进一步阐述。

在日本的 PFI 中，有人主张运营维护相关成本在运营维护商的控制范围内，因此应该与 EPC 合同同样采用固定总价合同，并选择（x）的风险分担方式，即让运营维护商承担增加成本。在实践操作中，一些运营维护商也接受了（x）的风险分担方式。然而，与 EPC 业务不同，运营维护业务往往超过 10 年，在此期间运营维护商实质上无法完全控制运营成本风险。因此，运营维护商不可能在超过 10 年的运营期内一边承受成本损失，一边继续项目运营。但东道国政府/承购方并不承担该增加成本，也不存在其他主体承担该增加成本。即项目公司的利润将因该增加成本而减少。因此，项目公司向运营维护商支付的增加成本的资金源于本应向社会资本方支付的分红。这意味着选择了（y）的风险分担方式。

然而，根据所有者兼运营维护商的原则，社会资本方与运营维护商是同一法人的主体（详见 8.2）。因此，风险分担方式（y）意味着项目公司向社会资本方兼运营维护商支付的款项名义由分红变成了增加的运营维护成本。

由于对社会资本方的分红存在制约，当运营维护增加成本超过了应分红金额,该社会资本方兼运营维护商将蒙受损失。若社会资本方兼运营维护商是项目合同的主体,社会资本方兼运营维护商也许会承担该增加成本,履行对东道国政府/承购方的履约义务[①]。但项目合同的合同主体是项目公司,并不是社会资本方兼运营维护商。社会资本方兼运营维护商在运营维护合同中不会无限承担运营维护增加成本来履行运营维护义务[②]。而且,如(1)中所述,东道国政府不会也不应干涉运营维护合同的内容。综上,社会资本方兼运营维护商事实上不会无限承担运营维护增加成本来实施运营维护业务。因此,以(2)项目公司内部的成本负担形式承担风险意味着社会资本方兼运营维护商以出资无法回收的形式承担该风险,并承担有限责任。

相反,若项目公司在一定期间(例如3年)内持续亏损,需要避免项目公司破产或者长时间的项目合同义务不履行。此时,对于市场风险承担型的资源·基础设施PPP项目,应赋予项目公司解除项目合同的权利。在此情形下项目公司承担的责任,理所当然应与因项目公司原因导致东道国政府/承购方解除项目合同时相同。

对于东道国政府/承购方而言,似乎不应该对社会资本方承担的责任金额设置上限。然而,资源·基础设施PPP项目中的社会资本方本质上是承担有限责任,并因此实现物有所值。若不对社会资本方承担的责任金额设置上限,如设置长期固定价格,则资源·基础设施PPP项目不会成立。而且,不仅是资源·基础设施PPP项目,在一般企业间的合同中通常也规定了各自承担责任金额的上限。

---

① 通常在企业之间的合同(如运营维护合同)中对债务不履行情形下的损害赔偿金额设置了上限,当增加成本超过了该上限金额,社会资本方兼运营维护商将失去继续进行运营维护的动机。这意味着即使社会资本方兼运营维护商是项目合同的合同主体,也应在其应承担的运营维护所需的增加成本上设置上限。

② 若运营维护合同中对债务不履行情形下的损害赔偿金额设置了上限,当增加成本超过了该上限金额,社会资本方兼运营维护商将失去继续进行运营维护的动机。因此,应在运营维护商承担的运营维护所需的增加成本上设置上限。

第7章 资源·基础设施PPP项目的本质

资源·基础设施PPP项目是将民间交易方式引入公共服务领域中，东道国政府/承购方也应该接受设置社会资本方责任金额上限的做法[①]。

即使让社会资本方以（1）和（2）的形式无限承担相关风险，若社会资本方破产，风险最终还是由东道国政府/承购方承担。只有不承担下方风险的、信用等级低的、破产可能性高的社会资本方才会接受无限的风险。即使这种破产可能性高的社会资本方承担了大部分风险，但事实上没有真正地实现风险转移。有些主张认为东道国政府应该向民众强调"社会资本方承担全部责任"，但事实上这种主张并没有给民众带来收益。东道国政府应理解与其让信用等级低的社会资本方无限承担风险，不如选择信用等级高、业务能力强的社会资本方承担有限风险，只有这样才会给东道国政府乃至国民带来更大的收益（详见8.7.2）。

另外，项目公司向运营维护商支付运营维护增加成本也涉及了项目融资中优先债权人的利益，关于这一点将在13.3.3中详述。

[①] 此外，还需考虑该有限责任给第三方带来损失的情形。在私营企业间的交易中通常不对交易主体对第三方的侵权责任设置上限。即使设置了上限也不具备法律效力。可能有观点认为，由于项目公司的存在，项目发起人不应承担对第三方的侵权责任。但在商业市场中存在众多利用子公司进行的交易，这并不是资源·基础设施PPP项目特有的问题。

第 8 章　资源·基础设施 PPP 项目的特征

如第 7 章所述,在资源·基础设施 PPP 项目中社会资本方通过股本投资成立项目公司,由该项目公司使用股本资金及通过项目融资筹集到的资金将项目完工后进行项目运营,社会资本方通过项目公司向其支付分红收益获得回报。以下对资源·基础设施 PPP 项目的特征进行阐述。

8.1　以运营为主体

如 7.2.3 中所述,资源·基础设施 PPP 项目是以运营为主体的。资源·基础设施 PPP 项目需要考虑的重要事项是如何削减设计建设相关成本(项目完工相关成本)及运营(维护管理)成本的总和——全寿命周期成本,其中与项目利润直接相关的是运营成本。潜在的社会资本方在项目前期招投标过程中围绕运营期能够获得的利润进行竞争。以往日本等国家通常将基础设施项目等同于基础设施的设计与施工,但如电力项目中的电力供应、铁道项目中铁路运输服务等,产品或服务的供给是基础设施的本质,而设计与施工仅是提供产品或服务的前提。我们需要充分认识到基础设施项目的本质是通过运营提供产品及服务,而引入社会资本的资源·基础设施 PPP 项目的本质则是将运营委托给社会资本方进行。

第 8 章 资源·基础设施 PPP 项目的特征

在日本的一些 PFI 项目中,基础设施完工后,其中一部分由政府使用,剩下部分由社会资本方使用。随着 2011 年 6 月 1 日 PFI 法的修正法案的出台,日本政府开始鼓励在租赁住宅、船舶、航空、人造卫星等领域发展 PFI 项目。其中部分领域引入 PFI 的目的在于通过促进社会资本方对设施剩余部分有效利用,从而降低东道国政府/承购方的设施使用成本。东道国政府/承购方对其所有的资产的剩余部分进行有效利用本身并没有问题(不是是否应有效利用的问题),问题的本质是这些项目实质上并不是 PFI 及 PPP 项目,这些项目中并没有体现 6.1 中所述的"对于某些风险,对该风险最了解及能够控制的主体能够以最低成本承担该风险"的基本原则。因此,资源·基础设施 PPP 项目理论无法应用到这些项目中,在这些项目中是否应该成立项目公司,是否应通过项目融资筹集资金,以及如何评价社会资本方的收益等方面均与资源·基础设施 PPP 项目不同。我们需要清楚地认识到,在项目计划时缺乏对项目的正确理解将会导致项目失败。笔者认为,社会资本方通过利用设施剩余部分获得满意的回报,同时东道国政府/承购方也能够降低设施使用成本,从而获得利益的情形并不多见。此外,若将东道国政府/承购方利用的设施项目与社会资本方利用的设施项目整体作为 PFI 项目对待,后者的破产极有可能给前者带来破产的风险。这样的项目结构很明显是不合理的。

8.2 所有者兼运营维护商原则

资源·基础设施 PPP 项目的运营利润最终以股本分红的形式支付给社会资本方。如下所述,作为项目公司股东的社会资本方只有成为运营维护商才能获得应有的运营利润。因此,社会资本方作为项目公司的股东，必然成为项目运营维护商，项目融资的专业术语称之为所有者兼运营维护商原则。从项目收益源泉的视角来看，运营维护商拥有项目公司的股份意味着，如 6.1 所述，实现了"对于某些风险，对该风险最了解及能够控制该风险的主体能够以最低成本承担该风险"。换而言之，社会资本方的利润以股本分红形式实现，这意味着社会资本方实际上承担了运营维护风险。而且由于运营阶段的重要决策由运营维护商做出，这也意味着运营维护商需要承担运营维护风险，否则不会做出最优决策。若社会资本方和运营维护商都承担运营风险，便违反了 6.1 所述的"对于某些风险，对该风险最了解及能够控制该风险的主体能够以最低成本承担该风险"的原则。上述逻辑表示，只有社会资本方自身作为运营维护商对资源·基础设施 PPP 项目进行运营维护才能以最低成本承担运营维护风险，从而实现利润最大化。

运营维护商除了可以获得分红收益，还可以根据运营维护合同获得实施运营维护业务的运营维护业务费。运营维护业务费里面是否应该包含利润时常成为争论的焦点。从项目融资的视角而言，运营维护业务费中只应包含运营维护相关的实际成本，而不应该包含利润。这一点将在 9.2 中详述。

8.3 社会资本方与 EPC 承包商之间的利益冲突

社会资本方与 EPC 承包商之间存在利益冲突。首先，东道国政府/承购方在项目招标中决定中标人的其中一个重要评价指标为与其他投标人相比，中标人是否降低了项目全寿命周期成本。对社会资本方而言，压缩 EPC 承包商的利润意味着项目成本的降低。而对 EPC 承包商而言，若无法获得充分的利润也不会参与项目。

第8章 资源·基础设施PPP项目的特征

在此意义上而言，两者之间存在利益冲突。最终竞争原则会形成一个社会资本方与EPC承包商双方都能够接受的EPC合同价格。

EPC合同中，由于EPC承包商承担项目完工风险，项目完工验收不仅对优先债权人而且对社会资本方都至关重要，这也同时体现了社会资本方与EPC承包商之间的利益冲突。而且项目公司在EPC合同中也会承担一定的成本超支风险，此时对超支成本核算的严格与否也会对项目公司的现金流产生影响。这一点也反映了社会资本方与EPC承包商之间的利益冲突[6]。

资源·基础设施PPP项目是以运营为主体的，这意味着EPC承包商并不是项目的"主角"。但这并不意味着EPC承包商不能在资源·基础设施PPP项目中营利。在竞争机制下，EPC承包商也会获得适当的利润。若存在EPC承包商无法营利的情形，这并不是因为其在项目中没有处于主要地位，而是由于存在过度竞争或者没有实现竞争机制。这并不是是否采用资源·基础设施PPP项目模式或传统模式能够解决的问题。

相反，也有主张认为，为了让EPC承包商营利，是否应该让其他企业（非社会资本方）负责该项目的运营。然而，运营维护商对项目进行运营的目的并不是使EPC承包商营利，因此上述主张是本末倒置的。

遗憾的是，在一些东道国政府或社会资本方中存在一些误解，他们认为EPC承包商成为项目公司的股东会有利于资源·基础设施PPP项目的实施。即使这些观点在日本等国家已成为主流，但笔者认为这是一种幻想。EPC承包商成为项目公司的股东意味着EPC承包商需要承担运营风险。然而，若对运营风险并不了解的EPC承包商承担运营风险则意味着没有实现项目寿命周期成本的降低

（相反可能增加）[①]。此外，还有主张认为EPC承包商成为项目公司的股东便可以分红的形式实现EPC工程的利润。但由于运营维护商也是项目公司的股东，于是运营维护商也同时获得了EPC工程的利润，显然这种主张是不合理的。此外，虽然理论上可以考虑引入定向股（Tracking Stock）或分类股票（Class Share）的形式，但上述形式并不存在实践支持。

此外，在实践中EPC承包商与运营维护商同时成为项目公司股东的PFI项目也确实出现了很多问题。例如，在日本的PFI项目中，通常EPC承包商与运营维护商都向项目公司派遣项目董事，双方利益冲突的存在对项目完工验收等重要决策产生了负面影响。不仅EPC承包商与运营维护商，而且东道国政府/承购方都应该避免上述情形的发生。

8.4 业务单一性的原则及项目公司为特别目的公司

8.4.1 业务单一性原则

所谓业务单一性原则，是指一个资源·基础设施PPP项目只能限定于一个业务。若项目合同同时包括多个业务，不同业务分别由不同的运营维护商负责，将会出现如下问题：首先，不同的业务可能存在不同的利润率，而且利润实现时间也可能不同。其次，由于资源·基础设施PPP项目利润最终以分红的形式支付给社会资本方，无法反映利润率及利润实现时间的差异。分别与不同的运营维护商签订不同业务的运营维护合同也无法解决上述问题。这是因为，如

[①] 在日本的Hakomono PFI中，多数情形下是EPC承包商股本投资，此时的股本资金被认为是可以"丢掉"的，因此该资金没有被有效地使用。

第8章 资源·基础设施 PPP 项目的特征

8.2 中所述,从项目融资的视角来看,运营维护业务费中并不包含利润。此外,也可以考虑不同运营维护商以定向股的形式投资项目公司。但若项目公司破产,定向股的股东将无法获得任何收益。因此,若因为某个业务的失败导致项目公司破产,其他运行较好的业务的股东也将承受该破产风险带来的损失。这违反了 6.1 所述的,"对于某些风险,对该风险最了解及能够控制该风险的主体能够以最低成本承担该风险"的原则。既然如此,是否可以考虑让不同的运营维护商相互承担损害赔偿义务,即运营失败的运营维护商须承担对其他运营维护商的损害赔偿义务。但这种做法违反了社会资本方的有限责任原则,而且这种根据风险收益关系相互承担损害赔偿义务不符合商业交易的合理性。

在日本的一些 PFI 项目中,业务单一性原则通常被理解为一个项目公司负责多个业务的实施,项目公司将不同业务分别委托给不同的承包商完成。然而,这种做法同样违反了上述业务单一性原则。

8.4.2 项目公司为特别目的公司

基于 8.4.1 中所述的业务单一性原则,项目公司也是仅为某资源·基础设施 PPP 项目而成立的特别目的公司。若项目公司同时从事该资源·基础设施 PPP 项目以外的业务,当该业务财务恶化时,即使资源·基础设施 PPP 项目本身财务状况良好,也存在项目公司破产的可能性。这意味着与该资源·基础设施 PPP 项目无关的业务失败将导致 PPP 项目无法继续提供公共服务,这对东道国政府而言是无法接受的。而且,优先债权人也是根据社会资本方的资源·基础设施 PPP 项目的实施能力判断项目风险,因此,若项目公司有可能因为该 PPP 项目以外的其他业务破产,对优先债权人而言也是无法接受的。

8.5 背对背条款、风险转嫁及项目公司的特征

8.5.1 背对背条款及风险转嫁

由于项目公司将项目合同中规定的各种业务分别委托给第三方实施，项目公司自身不承担任何业务。例如，在 EPC 工程中，EPC 承包商将承担项目完工风险。虽然项目合同中规定了项目公司承担项目完工义务，但 EPC 合同中不仅规定了 EPC 承包商的项目完工义务，而且还明确规定了 EPC 承包商承担的完工义务是为了保证项目公司能够履行项目合同中规定的完工义务。与 EPC 合同一样，为了保证项目公司履行项目合同中规定的其他业务的义务，项目公司和其他不同承包商分别签订合同，做出类似规定。这被称为背靠背条款（Back-to-back Provision），也被用于运营维护业务的运营维护合同中。

EPC 合同中的背靠背条款，不仅是优先债权人的要求，而且对社会资本方而言，无论是否进行项目融资，从其在资源·基础设施 PPP 项目中的自身利益考虑也会这样要求。而对于运营维护合同中的背靠背条款，由于社会资本方兼运营维护商也承担背靠背条款中没有包括的风险，根据所有者兼运营维护商的原则，对社会资本方而言，没有必要一定在运营维护合同中规定背靠背条款。但对项目融资中的优先债权人而言，运营维护合同中不包括背靠背条款意味着优先债权人无法追究项目合同中规定的运营维护业务的相关责任。因此，在运营维护合同中包含背靠背条款实际上是由于项目融资中优先债权人的利益要求。

风险转嫁（Pass-through of Risks）的概念与背靠背条款的概念相似。风险转嫁是指项目相关的风险通过项目公司转嫁给具体承担

第8章 资源·基础设施PPP项目的特征

项目不同业务的项目相关合同主体。最简单的例子便是，项目公司通过EPC合同及运营维护合同将其承担的风险分别转嫁给EPC承包商与运营维护商。但实践中，风险转嫁往往有着不同的含义，即项目公司通过项目合同将其承担的项目风险转嫁给东道国政府/承购方。例如，在第4章中所述的类型2资源·基础设施PPP项目中，承购方X承担向项目公司Y提供天然气的义务。设想若国营天然气公司承担天然气供给义务，承购方X承担天然气价格风险。项目公司Y与国营天然气公司签订天然气供给合同，并按照事前规定的天然气价格向国营天然气公司购买天然气。天然气价格风险包括单价波动风险、支付时间风险（项目公司必须在购买天然气之前从承购方获得相关现金收益）及汇率风险（若项目公司Y向国营天然气公司支付的货币与承购方向项目公司支付的货币不同）。承购方X是否在项目合同中适当地承担了这些风险是风险转嫁问题的核心。

8.5.2 项目公司的特征

项目公司将项目合同中规定的各种业务分别委托给第三方实施，其自身不承担任何业务。除了EPC相关业务，如8.5.1所述，项目合同中规定的运营维护业务的相关责任都应该由运营维护商承担（关于运营维护商的责任，详见7.2.6）。因此，除了公司法规定的设置董事等强制性义务以外，项目公司自身不承担任何业务，只是将所有项目合同中规定的义务通过相关合同委托给第三方。在此意义上，尤其是从项目融资的视角，项目公司是一家特别目的公司。

由于项目公司需要制作财务文件、股东会议及董事会相关文件及履行项目相关合同及融资相关合同的义务，因此需要签订如3.1.5

所述的项目管理服务合同,由社会资本方为项目公司进行上述工作。此外,在一些资源·基础设施PPP项目中,项目公司自身也会雇用员工,履行部分项目合同中规定的运营义务。关于这种做法适当与否,尤其考虑其与私营化的区别,需要更深入地探讨。

8.6 责任单一性原则

8.6.1 运营维护业务中的责任单一性原则

从资源·基础设施PPP项目及项目融资的视角,与业务单一性相关的另外一个原则为责任单一性原则(Single Point Responsibility或Single Responsibility)。例如:在运营期内出现问题时,往往很难判断这些问题是项目维护管理不善还是项目运营不善所导致(详见8.8.2)。在这种情形下,若项目公司通过运营合同和维护合同将项目的运营和维护业务分别委托给运营商和维护商,则可能出现无人承担责任的风险。这意味着项目公司没有有效地承担包括运营维护管理的运营风险。因此,运营与维护管理业务应委托给同一家运营维护商(或者承担连带责任的多个运营维护商),让其同时承担运营维护管理风险。综上,这种将运营责任集中于一点的原则便是责任单一性原则。在资源·基础设施PPP项目中,正是由于责任单一性原则的存在,采用了与一般项目不同的运营维护一体化模式。

此外,即使运营维护商根据运营维护合同同时负责运营与维护管理业务,在运营维护商违反其应承担的运营维护义务时,项目公司需对运营或是维护管理具体业务的义务违反状况进行取证。此时,若无法判断究竟是因为运营还是维护管理的问题,最终仍无法让运营维护商承担责任。因此,根据准据法,有时需要在运营维护合同

第8章 资源·基础设施 PPP 项目的特征

中明确规定，只要项目公司能够证实运营没有达到要求水准，不需对运营或维护的具体业务出现的问题进行取证。

若同时考虑业务单一性原则与责任单一性原则，资源·基础设施 PPP 项目运营相关的合同只存在一个运营维护合同。然而，如 3.1.2 中所述，若社会资本方的当地子公司为运营维护商，社会资本方须为其子公司的履约义务提供担保，因此除了运营维护合同之外，还存在社会资本方为合同主体的运营维护担保合同。

8.6.2 EPC 业务中的责任单一性原则

责任单一性原则不仅适用于运营维护业务，同样也适用于设计施工阶段的 EPC 业务（详见 8.8.1）。当出现项目无法完工时，有时很难判定是设计的问题还是施工的问题所导致。若项目公司通过设计合同和施工合同将项目的设计和施工分别委托给设计承包商和施工承包商，则可能会发生谁也不承担责任的风险。这意味着项目公司或承包商没有有效地承担包括设计在内的项目完工风险。因此，应让 EPC 承包商同时负责设计与施工，无论设计或施工出现任何问题，都由 EPC 承包商承担完工风险。在资源·基础设施 PPP 项目中，正是责任单一性原则的存在，才采用了与一般项目不同的设计施工一体化的 EPC 模式。若同时考虑业务单一性原则与责任单一性原则，EPC 合同是资源·基础设施 PPP 项目 EPC 业务相关的唯一合同。但如 3.1.3 中所述，若 EPC 业务分为海外业务和国内业务，EPC 合同还包括离岸 EPC 合同、在岸 EPC 合同及协调合同。将 EPC 业务分为离岸 EPC 合同和在岸 EPC 合同时，若 EPC 业务出现问题，可能无法判断是哪个合同出现了问题，这将违反责任单一性原则，因此需要签订协调合同，使上述风险最小化。

与 8.6.1 中所述的运营维护合同一样，即使 EPC 承包商根据

EPC 合同同时负责设计与施工业务，在 EPC 承包商违反其应承担的履约义务时，可能需要项目公司对设计或是施工的具体业务的义务违反状况进行取证。此时，若无法分清是设计还是施工的问题，最终仍无法让 EPC 承包商承担责任。因此，根据 EPC 合同的准据法，需要在 EPC 合同中明确规定，只要项目公司能够证实设计或施工没有达到要求水准，不需对设计或施工的具体业务出现的问题进行取证。

在日本的 PFI 项目中，一方面，项目公司分别与设计承包商和施工承包商签订设计和施工合同；另一方面，若 EPC 业务出现问题，施工承包商往往考虑到与政府之间的关系，即使与自身责任无关也会解决该问题。此时，若施工承包商不向设计承包商追究责任，问题就此解决。但若施工承包商向设计承包商追究责任，由于施工承包商与设计承包商之间不存在合同关系，将无法追究设计承包商的责任。由于设计承包商与项目公司之间签订了设计合同，可以考虑项目公司向设计公司追究责任。但若施工公司不是项目公司的大股东，很难要求项目公司去追究设计承包商的责任。因此，在日本的 PFI 项目中，若施工承包商无论合同规定与否都选择承担设计问题引起的违约责任，则应作为 EPC 总承包商以分包的形式将设计业务委托给设计承包商。这样 EPC 总承包商可以根据合同追究设计承包商的责任，从而保障了其自身利益。但若施工承包商不承担设计问题引起的违约责任，便会出现无人承担责任的状况，这显然是运营维护商、优先债权人及东道国政府／承购方都不希望看到的情形。

8.6.3 运营维护合同与 EPC 合同中责任单一性原则的依据不同

严格意义上说,项目融资中的优先债权人会要求遵守 EPC 业务的责任单一性原则。但由于社会资本方也会要求 EPC 承包商承担全部完工风险,因此,无论是否采用项目融资,资源·基础设施 PPP 项目中的责任单一性原则都是基于对社会资本方利益的考虑。而关于运营维护业务的责任单一性原则是基于对优先债权人利益的考虑。这是因为社会资本方兼运营维护商可以通过合同将维护管理业务委托给第三方,若项目运营出现问题,无论是运营导致的问题还是项目设施维护导致的问题,运营维护商都会承担这个风险。因此,对社会资本方而言,由于它考虑到项目公司的股东,项目公司和第三方签订维护管理合同并无不妥之处。但对项目融资中的优先债权人而言,存在运营商和维护管理承包商双方都不承担责任的风险。在此意义上,运营维护业务的责任单一性原则是出于对优先债权人利益的考虑。这一点与 8.5.1 中所述的背靠背条款相同。

8.6.4 需要责任单一性原则的其他业务

除了运营维护业务与 EPC 业务外,责任单一性原则还适用于如煤矿焚烧 IPP 项目中的煤矿供给业务。煤矿供给商不仅需要承担对项目公司的煤矿供给义务,还包括将煤矿从矿山运输到现场交付的义务。因此,煤矿供给商签订煤矿供给运输合同,同时承担供给和运输的责任。

8.7 社会资本方兼运营维护商是资源·基础设施 PPP 项目的关键主体

8.7.1 社会资本方兼运营维护商对资源·基础设施 PPP 项目的全面管控

根据上述的所有者兼运营维护商原则及责任单一性原则，资源·基础设施 PPP 项目中的关键主体为社会资本方兼运营维护商。为有效地对项目进行运营，以满足项目合同规定的性能要求，社会资本方兼运营维护商也需将项目设施的设计与施工纳入自身的管理范畴内。例如，一个温水游泳馆的商业项目拟采用非常先进的项目设计施工方案，但从运营的视角发现，该设计施工方案可能并不能吸引较多的利用者，则该方案不会被采用。或者，若该设计施工方案可能对人体产生危害，并直接影响到运营商的声誉，则无论该方案多么先进也不会被采用。综上，社会资本方兼运营维护商不仅对运营维护进行管理，还要考虑设计与施工，从而对项目实施全面管控。社会资本方运营维护商需要从项目运营的视角考虑如何设计与施工，综合考虑设计承包商与施工承包商的业务能力及价格，选择最优的设计承包商与施工承包商[7]。由此可见，资源·基础设施 PPP 项目不仅需要利用社会资本方运营维护商的运营能力进行项目运营，而且还需要利用其对项目进行总体管控的项目实施能力提供公共服务。

日本的 PFI 项目中，项目公司分别与设计承包商、施工承包商、运营承包商及维护管理承包商签订合同。这些承包商在各自的业务范围内承担各自责任，但并没有主体从整体上对这些不同业务进行综合管理并承担确保有效运营的责任。例如，当项目的设计或施工

第 8 章 资源·基础设施 PPP 项目的特征

出现问题,这只被看作设计承包商或施工承包商需要解决的问题,运营承包商及维护管理承包商不会积极主动地去解决设计施工中出现的问题。上述问题的发生是因为在提供公共服务过程中没有充分利用社会资本方的综合管理能力。对项目进行综合管理的社会资本方在项目中承担了最重要的任务,也会因此获得回报。日本 PFI 的现状虽然在一定程度上体现了任务分担或专业化分工的优势,但仅是一种分包模式,获得的收益有限。而且由于缺少总体管控并承担总体责任的主体,很可能会导致项目失败。

8.7.2 社会资本方兼运营维护商项目实施能力的重要性

运营维护商为资源·基础设施 PPP 项目的关键主体意味着项目的成功与否取决于社会资本方兼运营维护商的项目实施能力强弱。项目实施能力强的社会资本方兼运营维护商也不会参与营利性不大的或者风险分担不明确的资源·基础设施 PPP 项目。而且,为了项目的有效实施,项目实施能力强的社会资本方兼运营维护商会选择合适的 EPC 承包商,确切把握项目中可能存在的风险,制定并实施有效的风险对策。相反,若资源·基础设施 PPP 项目失败,社会资本方兼运营维护商不仅无法回收投资,而且还损害了自身的声誉。因此,对于项目实施能力强的社会资本方兼运营维护商而言,它们会努力避免项目失败,因此,会在事前优选资源·基础设施 PPP 项目,在项目运营过程中有效实现东道国政府/承购方的项目目标。反而言之,并不是所有政府招标的资源·基础设施 PPP 项目都有较高的营利性,也并不能保证这些项目能够实现有效的风险分担,因此,为了资源·基础设施 PPP 项目的成功,要求社会资本方兼运营维护商具有鉴别项目的能力。

此外,社会资本方兼运营维护商的实施能力的重要性也意味着需要社会资本方兼运营维护商在项目实施期间持续稳定地提供公共服务。这虽然不要求社会资本方兼运营维护商具有极高的信用等级，但也需具备一定程度的信用等级。

绝大多数的资源·基础设施 PPP 项目使用项目融资筹集资金。提供项目贷款的金融机构会安排相应专家负责该项目的融资事宜。然而，即使是提供项目融资的金融机构也往往仅擅长特定的领域，例如某些金融机构只擅长发电项目的项目融资结构分析。这意味着不同领域的资源·基础设施 PPP 项目需要不同专业的知识、经验及运作方式。在资源·基础设施 PPP 项目中，金融机构与社会资本方承担的风险基本相同。在此意义上，金融机构具备的项目融资风险分析能力，社会资本方也应该具备。这些风险不仅包括与项目自身相关的风险，还包括如东道国的宏观经济体制等相关风险。

社会资本方和金融机构需要密切关注发展中国家宏观经济体制及服务需求、基础设施建设及运营的条件是否具备，分析项目的营利性、经济开发的合法性，及项目的政治背景、环境问题等合同中看不见的风险[8]。资源·基础设施 PPP 项目必须是受东道国民众支持的、对价合理的、能够可持续发展的项目，只有具有评价和识别该类项目能力的社会资本方才能取得项目成功，并获得东道国政府和金融机构的信任及高度评价（详见 8.12）。

8.7.3 成熟技术原则

成熟技术原则意味着资源·基础设施 PPP 项目中采用的技术必须为成熟的技术。这是因为社会资本方兼运营维护商为了证明其具有使项目成功的能力，需向第三方（选择社会资本方的东道国政府/承购方及提供项目融资的优先债权人）展示拟使用在该项目的技术已在其他项目中获得了成功。因此，在资源·基础设施 PPP 项目中

第 8 章 资源·基础设施 PPP 项目的特征

使用的技术,并不是新技术,而应是成熟技术。反而言之,不能使用成熟技术的项目不适合资源·基础设施 PPP 项目。这种技术不仅指运营管理相关技术,还包括 EPC 施工相关技术。

8.7.4 资源·基础设施 PPP 项目的信用等级

资源·基础设施 PPP 项目的成功与否取决于社会资本方兼运营维护商的项目实施能力强弱,这同时意味着若社会资本方兼运营维护商破产,项目将无法继续进行下去。因此,资源·基础设施 PPP 项目的信用等级不会高于社会资本方兼运营维护商的信用等级。如 8.7.2 中所述,虽然不需要社会资本方兼运营维护商具有 AAA 的高信用等级,但也需要具有不轻易破产的一定信用等级。

时常会有人认为,由于公司融资中社会资本方的信用风险过大无法获得项目贷款,因此可采用项目融资获得项目贷款。然而,如上所述,社会资本方的信用风险过大同样可能导致无法获得项目融资贷款。因此,上述主张并没有真正理解资源·基础设施 PPP 项目及项目融资的本质。

8.7.5 资源·基础设施 PPP 项目的项目期

资源·基础设施 PPP 项目的项目合同签约时间开始到运营结束时间为止的期间被称为项目期。项目期由设计施工期与运营期构成。项目期应该设置多长时间呢?有些资源·基础设施 PPP 项目也许出于对实现(增加)物有所值的考虑,项目期超过了 30 年(详见 8.8)。而对于授予私营企业特许权的特许经营项目而言,东道国政府为了获得更高的特许权转让对价,也可能会倾向于较长的特许期。然而,资源·基础设施 PPP 项目的成败取决于社会资本方兼运营维护商的项目实施能力,在超过 30 年的项目期内谁能保证社会资本方兼运营维护商是否还具有一定信用等级及项目实施能力呢？即使是国债，其期限也通常为20年，谁也无法对20年后的社会资本方的信用等级及项目实施能力进行准确预测。这意味着资源·基础设施PPP项目的项目期必然存在一个上限。对于那些项目期超过上限的资源·基础设施PPP项目，东道国政府/承购方及私营企业要慎重考虑项目目标无法实现的可能性。

8.7.6 东道国政府/承购方在招标阶段的评价对象

如8.7.1与8.7.2中所述，资源·基础设施PPP项目中最重要的是社会资本方兼运营维护商的项目实施能力及信用等级。资源·基础设施PPP项目的招投标阶段会对众多指标进行评价，其中最重要的指标为社会资本方兼运营维护商的项目实施能力及信用等级。社会资本方的项目实施能力往往可以通过其以往同类项目或类似项目的成功或失败经历进行判断。而且，项目中拟采用的技术应为成熟技术，这也可以从以往同类或类似项目的成功和失败经历中进行验证。

在Yescombe所著的《项目融资理论与实践》[9]中罗列出如下政府在招标阶段的评价指标：

实施项目的技术能力；

项目实施能力；

项目管理者的经验；

类似项目的经验及业绩；

第8章 资源·基础设施 PPP 项目的特征

实施项目的资金能力。①

如上所述,包括以往同类或类似项目成功和失败业绩以及拟采用项目技术的成熟度在内,社会资本方兼运营维护商的项目实施能力是事前的项目资格评审阶段的评审对象。需要留意社会资本方兼运营维护商的项目实施能力是事前评审对象,为了保证项目成功,在此阶段应通过设置较高评价标准,选择优秀的社会资本方兼运营维护商,然后进行投标价格竞争。相反,优秀的社会资本方兼运营维护商不参与项目招标则意味着该项目在营利性或风险分担方面具有不合理性。若东道国政府/承购方仍然决定实施这样的项目,最终将无法为民众带来效益。东道国政府/承购方不能将公共性强的资源·基础设施 PPP 项目委托给以投机为目的的社会资本方。

此外,项目融资中的贷款方在评价是否提供项目贷款时,也应高度重视社会资本方兼运营维护商的项目实施能力及信用等级(详见 12.3.1)。

8.8 项目设计施工期与运营期

资源·基础设施 PPP 项目按照时间序列,可将项目期划分为设计施工期与运营期两个阶段。

---

① 考虑到项目实施可能性,资金能力应是东道国政府/承购方在招标阶段的审查对象。除非项目资金为100%股本投资,若通过金融机构筹集资金,要求投标人获得金融机构的融资意向书,确认筹集资金的可能性至关重要。

在金融机构实际缔结贷款合同之前,该金融机构需启动内部审查和承认程序。在实务操作中,事前资格审查阶段事实上不可能完成该内部审查和承认程序。因此,即使投标人获得了金融机构融资意向书,但完成内部审查和承认程序是缔结贷款合同的前提条件之一,仍存在该融资在内部审查和承认程序中被否决的可能。因此,某些金融机构的融资意向书实质上没有起到证明的作用。

在项目融资中,并不是所有的金融机构都具备为资源·基础设施PPP项目提供项目融资的能力(详见11.5)。为资源·基础设施PPP项目提供项目融资的金融机构需具备丰富的项目融资经验,能够真正地理解项目融资。这意味着金融机构乃至东道国政府需要充分理解提供项目融资不应只是提供融资意向书等形式上的审查。

8.8.1 设计施工期

资源·基础设施 PPP 项目以运营为主要目的,对项目设施进行设计施工的期间被称为设计施工期。设计施工期最长不过数年。严格意义上,项目建成并具备运营条件被称为项目完工(Project Completion)。项目完工是资源·基础设施 PPP 项目及项目融资的专业术语。项目完工意味着项目从无到已具备运营条件(如 3.1.3 所述,所谓的钥匙插进去就可以运作),除了设计与施工工作以外,设计施工阶段还包括诸如土地利用情况调查等事前计划工作。此外,除了实物/机械完工(Physical/Mechanical Completion),还需进行竣工试验对项目性能进行测试、项目运营服务的相关人员培训等工作,这些被称为操作完工(Operational Completion)。综上,项目公司在设计施工期的工作不仅是设计与施工工作。

项目公司通过 EPC 合同将到操作完工为止的所有工作委托给 EPC 承包商,即 EPC 承包商承担了项目完工风险(详见 9.3.1)。

除了实物/机械完工及操作完工之外,从项目融资的视角,项目完工对优先债权人有着不同的意义。对优先债权人而言,项目完工除了要求实物/机械完工及操作完工,还要求操作保险的加入及项目通过一定期间的运营实现预定的现金流,这被称为财务完工(Financial Completion)(详见 14.1)。

在设计施工期间,项目公司为项目完工承担的成本被称为项目成本。项目成本的大部分用于支付 EPC 合同价款。剩余部分包括项目公司的成立成本及各种咨询成本等。社会资本方的股本投资及项目融资贷款全部被用于支付上述项目成本。

第8章 资源·基础设施 PPP 项目的特征

8.8.2 运营期

运营期是指资源·基础设施 PPP 项目实施运营（及相关维护管理）的期间。项目公司通过运营获得收入，扣除税金和规费、运营维护业务费及项目贷款本金和利息之后剩下的部分为运营利润。项目公司只能通过项目运营获得项目利润。

8.8.3 时间序列上的项目现金流

图 8.1 描述了项目公司在项目设计施工期与运营期的资金流入和流出状况。为方便解释，假设项目运营成本只包括税金和规费及运营维护业务费。

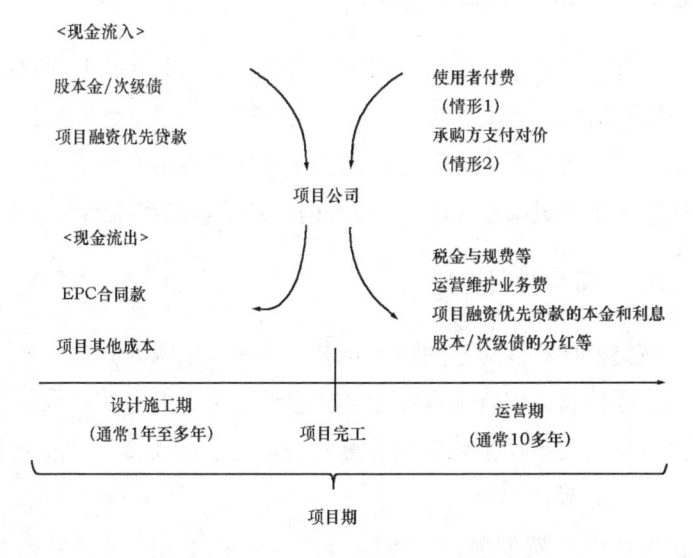

```
<现金流入>
股本金/次级债                    使用者付费
                                (情形1)
项目融资优先贷款                 承购方支付对价
                                (情形2)
                ↓   ↓
              项目公司
                ↓   ↓
<现金流出>
EPC合同款                        税金与规费等
                                运营维护业务费
                                项目融资优先贷款的本金和利息
项目其他成本                     股本/次级债的分红等

     设计施工期        项目完工      运营期
     (通常1年至多年)               (通常10多年)
     └──────────────── 项目期 ────────────────┘
```

图 8.1 项目公司的现金流

如图 8.1 所示，EPC 承包商在项目完工时收到 EPC 合同价款并获得利润。而社会资本方则在项目完工后数十年的运营期内获得项目利润。需要留意，这种利润实现的时间点的不同会引发不同项目参与人对项目风险的不同观点。例如东道国政府/承购方只能在运营期获得资源·基础设施 PPP 项目带来的收益,因此东道国政府/承购方与 EPC 承包商对风险持不同的观点[①]。

此外,由于资源·基础设施 PPP 项目是基于现金流结构的项目,13.3 中将进一步阐述资源·基础设施 PPP 项目的现金流结构特点。

8.9 两种类型的资源·基础设施 PPP 项目

根据项目公司是否承担市场(需求)风险,资源·基础设施 PPP 项目可以分为承担市场风险型及可用性付费型两种类别。

8.9.1 承担市场风险型

该类型的项目中,项目公司实际提供产品或服务,并通过使用者付费获得对价,典型项目 1 对应该项目类型。即项目公司 B 承担原油销售风险(包括原油是否存在、是否能挖掘出及能否按照预想的价格销售出等风险),项目公司根据现货价格出售原油获得收入。

8.9.2 可用性付费型

当该类型项目性能达到规定要求水准时,承购方向项目公司满额支付合同价款,但若项目性能没有达到规定要求水准,承购方将根据没有实现要求性能水准的程度扣减部分合同价款,典型项目 2 对应该项目类型。

在可用性付费型项目中,承购方对项目公司的支付形式主要分为(A)可用性付费(Availability Fee)(容量支付,Capacity Fee)和(B)使用付费(Usage Fee)两种类别。可用性付费意

---

① 此外,服务于东道国政府的咨询机构与项目融资的咨询机构均在缔结项目合同或项目融资合同时获得咨询费收益,但他们不承担事后的完工或运营风险[6]。

第8章 资源·基础设施 PPP 项目的特征

着根据项目是否能够提供项目合同规定的产品或服务进行支付。在典型项目 2 中，若项目公司确保项目具备合同规定的电量的发电能力，承购方则向项目公司支付满额的可用性付费。若由于项目公司导致项目不具备合同规定的电量的发电能力，则承购方根据发电量的不足程度扣除部分可用性付费。另一方面，使用付费则是根据项目提供产品服务的实际使用量进行付费。承购方会根据实际购买的发电量付费给项目公司。

由于可用性付费的支付额度不取决于实际发电量的多少，其额度基本上以涵盖发电的固定成本（通常是指项目成本及运营的固定成本）为依据。而使用付费的额度则以实际销售的电力的发电变动成本为依据。例如在典型项目 2 中，即使承购方不购买电力，可用性付费足够保证项目公司盈利，不会出现无法支付固定成本的情形。这意味着项目公司 Y 不承担承购方是否购买电力的风险，即不承担市场风险。此外，项目融资中的还贷资金也来自可用性付费。

8.9.3 照付不议

也许有人会有疑问，承购方并没有获得或利用具体的产品或服务，是否有义务支付可用性费用。但设想一下，我们在日常生活中使用手机时，即使没有通话也需支付基本服务费，因此，可用性付费本身并不是不合理的。

照付不议（Take or Pay）是资源·基础设施 PPP 项目的专业用语，是指在每个既定期间内，根据既定的最低购买量，购买方决定购买或支付生产者提供的产品或服务。若购买方选择购买，则支付产品或服务价款。购买方也可以选择不购买，但仍需要支付最低购买量价款。换言之，无论购买方是否购买，都承担支付最低购买量价款的义务。而且，即使购买者在当期不购入，仍然具有在其后的某个期间选择是否购买的权利。

比较通常的买卖合同，也许有人会有疑问，不购买为什么需要付款。但资源·基础设施PPP项目特别是LNG项目提供的产品或服务的买卖具有一定的特殊性。即产品或服务供应商为了特定的购买方完成特定产品或服务的生产设施的施工，然后利用该设施生产或提供产品或服务。例如在LNG项目中，需要巨额投资购置巨大的液化天然气生产设备。对液化天然气的生产商而言，若销售收益不能保证巨额设备投资的回收，将不会进行此项目。另一方面，若市场销售收益能够确保巨额的设备投资的回收，液化天然气的生产商可能会承担液化天然气的销售风险。但事实上不存在上述天然气销售市场。对液化天然气生产商而言，只有承购方承诺给液化天然气生产商的天然气购买价款可以确保销售收入能够回收设备投资时，液化天然气生产商才会进行设备投资，该项目才有可能实施。

因此，照付不议意味着购买方向销售方承诺销售收益能够确保回收巨额设备投资，从融资的视角，这也意味着融资结构的成立。对液化天然气的购买方而言，液化天然气的需求不是一次性的，通常是在较长的期间内持续购入。而对于巨额的设备投资回收而言，由于大部分通过银行贷款，在此期间内需要持续地偿还贷款。根据事前确定的贷款偿还期及还款计划，必须使液化天然气生产商在每期偿还贷款前获得销售价款。若每期的天然气需求量不同，则可能出现当期销售收益不足以偿还当期贷款的情形。因此，考虑到偿还贷款的情形，液化天然气的购买方在决定购买价款时，事前决定最低购买量，不论是否购买都可以将总支付价款平均化。

8.9.4　照付不议与可用性付费的区别

纯粹的照付不议是指无论提供产品或服务的供应商的供应能力如何，购买方都承担最低购买量的支付义务。但在如典型项目2中，若不满足可用性性能标准，可用性付费（包括最低购买量价款及与实际购买量挂钩的使用付费）将不会被满额支付给供应商。资源·基础设施PPP项目并不是采用纯粹的照付不议原则。

8.10　项目期内业务不变原则

社会资本方在决定是否参加资源·基础设施PPP项目时，需要判断承担项目风险能否获得项目利润。因此，如8.7.5中所述，资源·基础设施PPP项目不能设置过长的项目期。此外，在项目实施期间变更业务内容会带来怎样的影响呢？对社会资本方而言，需要重新判断承担该项目风险是否能获得利润，该利润还需满足该社会资本方对资本金内部收益率的要求。正如6.3所述，社会资本方评价项目收益的指标是资本金内部收益率，社会资本方也许能够承担由于自身导致的资本金内部收益率低下的风险，但不会承担非自身原因导致的资本金内部收益率低下的风险。

因此，理性的社会资本方不会参加在项目期间不经其同意便可以变更业务内容的资源·基础设施PPP项目。换言之，需在合同中明确规定，在没有取得项目公司（社会资本方）的自主同意情况下不能变更项目合同。而且，项目融资中的优先债权人根据资源·基础设施PPP项目内容判断社会资本方是否能够有效实施该项目，并以此决定是否提供项目融资贷款（详见12.3）。项目期内变更项目内容违反了项目融资可行性条件，因此在项目融资中没有优先债权人的许可也无法变更项目业务内容。换言之，在项目融资的贷款合同中需明确规定，没有优先债权人的许可不能变更项目合同内容。

此外，在项目实际操作中，项目期内对项目业务内容进行变更时，往往很难设定合理的项目合同价格（详见 9.1.2）。

8.11　项目公司缺乏现金支付能力

与一般的公司不同，若发生计划外的债务支付，项目公司不具有支付该债务的资金。设计施工期向项目公司投入的资金全部来自资本金及项目融资贷款，而这些资金被用于支付项目成本，项目公司只保留部分预备费。在项目完工后，优先债权人对建成的项目设施资产设置贷款抵押担保。而在运营期内项目公司的现金流收入原则上来自东道国政府/承购方等的支付。这些收入除了社会资本方的利润外，全部用于支付项目运营需要的成本。这意味着即使项目公司承担计划外的法定支付债务，但它并不具有可以支付该债务的资金。在此意义上，项目公司是没有资金的公司。因此，无论在项目合同中规定项目公司支付多少损害赔偿，并没有实效性。这也意味着，在通常的商业交易中损害赔偿形式的风险分担不能应用于资源·基础设施 PPP 项目中。此外，即使让项目公司承担通常交易中企业应该承担的风险，项目公司也没有承担该风险的财力。例如，日本的很多 PFI 项目合同中规定，与该 PFI 设施的设计、施工、运营维护业务及其他相关业务直接相关的法律变更给项目公司带来的增加成本由东道国政府/承购方承担，但除此之外的法律变更产生的增加成本由项目公司承担。然而，无论法律变更是否与该 PPP 项目直接相关，项目公司不具有资金，因此无法承担计划外的增加成本。而且，若在一般的交易中存在上述成本风险，采用固定价格的长期合同也是不可能成立的。因此，项目公司承担法律变更风险的

第 8 章 资源·基础设施 PPP 项目的特征

PFI 项目不是真正意义上的资源·基础设施 PPP 项目。

8.12 资源·基础设施 PPP 项目存在的困难及项目可持续性

近年来，日本新闻媒体出现众多领域实施资源·基础设施 PPP 项目的相关报道，很多社会资本方也表现出愿意参与 PPP 项目的意愿。例如 PPP 基金的成立近年来成为新闻热点话题。这似乎给人带来一种印象，即基础设施 PPP 项目是比较容易的，谁都可以参加的项目。

然而，资源·基础设施 PPP 项目的本质是项目的运营，项目成功与否取决于社会资本方的项目实施能力强弱。若项目失败，不仅社会资本方无法回收股本资金，而且项目融资的优先债权人也无法回收贷款。这意味着社会资本方和优先债权人需具有清楚判断项目财务收益的能力。

如 8.9.1 和 8.9.2 所述，资源·基础设施 PPP 项目的投资回收资金来自使用者付费（承担市场风险型资源·基础设施 PPP 项目）或承购方付费（可用性付费型资源·基础设施 PPP 项目）。承购方支付资金最终来自政府对民众征收的税金。资源·基础设施 PPP 项目提供的产品或服务通常具有较高的公共性，承担市场风险型的资源·基础设施 PPP 项目中使用者付费和纳税相似。这意味着资源·基础设施 PPP 项目通常具有较大的政治风险。社会资本方在判断项目营利性时需考虑项目中存在的政治风险（详见 9.1.1）。换言之，社会资本方除了需要考虑价格因素，还需要判断资源·基础设施 PPP 项目是否能够为东道国民众带来收益，能否得到民众的支持，即项目是否具有较高的可持续性。因此，如 8.7.2 所述，社会资本方在分析项目风险时需要综合考虑东道国的宏观经济运营体制风险。

例如，一些发达国家为了发展可再生能源事业，采用了 FIT（Feed-in Tariff）新能源补贴政策。FIT 政策制定的主要目的是通过民众分摊成本，促进再生能源的使用，从而有效降低温室效应。然而，问题是，FIT 政策是否真正实现了通过广泛分摊降低个人承担成本？是否根据使用者财产所得进行累进的成本分摊？根据电力的使用量进行成本分摊的 FIT 政策能否得到民众的支持？若 FIT 政策不具有客观的合理性，则需要充分研究和探讨应为 FIT 项目提供多少政府补贴（民众的负担）。

与此相关，国际社会投资保护协议的目的是保护私营企业的跨境投资，但保护对象应仅为能够给东道国民众带来收益的具有合理性的私营企业投资。

社会资本方应对资源·基础设施 PPP 项目的各种相关事宜进行评价后再决定是否对该项目投资。这意味着社会资本方在决定是否投资资源·基础设施 PPP 项目时应是一种自下而上（由细节到整体）的决策过程。相反，若不经过具体细节的评价，一开始就决定对资源·基础设施 PPP 项目进行投资，这种自上向下的决策方式往往会导致项目的失败。

第 9 章 主要项目合同的特征

9.1 特许权协议／承购合同／PPP 项目合同的特征

如 3.1.1 所述,特许权协议／承购合同／PPP 项目合同规定了资源·基础设施 PPP 项目的绩效标准以及项目公司据此建成并在运营项目的过程中对东道国政府／承购方所需履行的义务。以下对特许权协议／承购合同／PPP 项目合同中的风险分担、合同价格、可用性付费型 PPP 项目中项目公司的风险承担方式及项目结束时项目设施移交给东道国政府／承购方的理由进行阐述。

9.1.1 风险分担

(1) 风险分担的基本原则

资源·基础设施 PPP 项目中存在各种风险,它们应由东道国政府／承购方承担还是项目公司承担是需要解决的重要问题。这些风险具体包括筹资风险、市场风险、土地获取风险、完工风险、运营风险、法律变更风险、不可抗力风险、政治风险等[10-11]。有观点认为,应根据各参与方和具体项目的属性决定东道国政府／承购方或项目公司应承担哪些风险。但这种观点容易引起误解,我们应遵循风险分担的基本原则,决定东道国政府／承购方及项目公司应承担什么风险。

如 6.1 所述，对于项目中存在的风险，熟知该风险并能够控制该风险的主体能够以最低成本承担该风险是基本的风险分担原则。上述原则意味着社会资本方应承担其能够控制的风险。但资源·基础设施 PPP 项目中存在政府和社会资本方都无法控制的风险。例如有人认为在资源·基础设施 PPP 项目中，由于政府无法承担法律变更风险及不可抗力风险，这些风险应由项目公司承担。但由于项目公司同样也无法控制法律变更风险及不可抗力风险，因此谁应承担这种社会资本方与政府都无法控制的风险也是需要解决的重要问题。

在传统的政府投资项目中，由政府承担法律变更风险和不可抗力风险。这意味着，若本质上不是项目自身存在的风险，且将该风险转移给社会资本方并不能实现（或增加）物有所值，则该风险应由政府承担。即使社会资本方承担该风险，由于其无法控制该风险，也就无法实现（或增加）物有所值。社会资本方承担法律变更风险或不可抗力风险只会导致合同价格的提升。也许有人认为，即使不产生（或增加）物有所值，让社会资本方承担该风险也不会给政府带来损失。然而，真的没有给政府带来损失吗？

在资源·基础设施特许权协议 / 承购合同 /PPP 项目合同中，若不考虑其他合同条件，承担风险的合同主体往往处于不利地位，而不承担风险的合同主体则处于有利地位。这就意味着若不考虑其他合同条件，项目公司承担风险将对东道国政府 / 承购方有利。然而，合同价格是在综合所有合同条件的基础上确定的。对于某种特定风险，若项目公司承担该风险，东道国政府 / 承购方支付给项目公司的对价也会随着项目公司承担的风险的增大而提高。因此，"若不考虑其他合同条件"本身是不成立的，这也意味着合同主体不承担

第9章 主要项目合同的特征

风险不一定对其有利。

若社会资本方承担法律变更风险或不可抗力风险,社会资本方不仅无法合理地计算对价(因此,通过在合同对价中设置缓冲额以保守地承担风险),而且还会根据自身以往经验将风险溢价计算到合同对价中,因此,让社会资本方承担法律变更风险或不可抗力风险导致更加难以实现物有所值。这意味着最终结果是政府负担增加,从而无法实现民众的利益[①]。

如6.3所述,社会资本方的收益评价指标为资本金内部收益率,它直接影响社会资本方获得的项目利润。社会资本方能够承担由于自身导致资本金内部收益率低下的风险,但在资源·基础设施PPP项目这种长期项目中,社会资本方无法承担自身因素以外导致的资本金内部收益率低下的风险。根据这个观点,法律变更风险和不可抗力风险应该由东道国政府/承购方承担。

根据上述风险分担的基本原则,社会资本方应承担的风险包括运营风险、完工风险、筹资风险及市场风险(承担市场风险型PPP项目),而剩余的其他风险应由东道国政府/承购方承担[②]。当然,

---

① 私营企业间的交易也会存在类似的问题。例如,贷款合同中,若实施或维持贷款给贷款人带来了额外成本,该增加成本在实践中必然由借款人承担。这并不是因为贷款人地位较强而让借款人承担该风险。即使借款人地位较强的欧美国家同样由借款人承担该风险。具体理由是,若贷款人承担该增加成本,不仅贷款人无法计算承担该风险的合理对价(因此设置缓冲额保守地承担该风险),而且贷款人将风险溢价加入还款利息中,从而获得贷款利润(需要注意贷款合同中直接获利的是贷款人,借款人无法直接从该贷款合同中获得利润,因此贷款人通过提高利息增加利润)。日本有人主张借款人没有理由承担该增加成本,应允许借款人选择承担该增加成本或不承担该增加成本并提前偿还贷款。但上述主张没有理解贷款合同中的还款利息包括承担该增加成本的风险溢价,因此不具有合理性。

② 若其他风险引起增加成本可以通过保险覆盖,则该风险可以由社会资本方承担。但东道国政府/承购方应在项目公开招标前确认市场是否存在该保险。例如若由于不可抗力导致工厂受损,通过保险可以补偿工厂修复成本,承担该修复成本便为社会资本方承担的风险。但若在修复期间的可用性付费不能通过保险补偿(或保险费过高从而导致招标阶段的可用性付费增加),可用性付费不能因为社会资本方承担风险而扣减,仍需满额支付。

在具体的某个承担市场风险型的资源·基础设施 PPP 项目中，若社会资本方判定自身无法对上述风险进行控制和评价，则不会参加该项目。

从资源·基础设施 PPP 项目及项目融资的视角应考虑的风险还包括社会资本方风险，即社会资本方是否具有足够的项目实施能力承担风险。项目融资中尤其需要考虑优先债权人是否能够承担该风险（详见 12.3.1）。东道国政府/承购方与项目公司之间的合同关系也需考虑社会资本方风险的存在。由于社会资本方实质上是项目公司的所有者，这意味着项目公司实际上无法承担社会资本方风险，因此社会资本方风险应由东道国政府/承购方承担。如 8.7.2 所述，东道国政府/承购方在资源·基础设施 PPP 项目的招投标阶段应慎重审查社会资本方的项目实施能力。

（2）风险种类

项目风险可以分为以下两种：

（A）项目业务内容相关的风险

此类风险包括市场风险、土地获取风险、完工风险及运营风险。若项目公司无法承担如完工风险及运营风险等（A）类风险，则不应采用资源·基础设施 PPP 模式。而对市场风险而言，若项目公司能够承担该风险，可采用 8.9.1 中所述的承担市场风险型 PPP 模式，若无法承担该风险，则可采用 8.9.2 中所述的可用性付费型 PPP 模式。因此，这些风险决定了是否应该采用资源·基础设施 PPP 项目模式或采用怎样的 PPP 项目模式。

若项目公司不承担上述（A）类风险，当风险发生时将由东道国政府/承购方负责赔偿或补贴风险损失。例如对于土地获取风险，若项目公司能够承担该风险，则项目合同中规定项目公司承担该风险的履约义务。相反，若项目公司无法承担该风险，则该风险的承

第 9 章 主要项目合同的特征

担也就不成为项目公司在项目合同中的履约义务。其次，若东道国政府/承购方承担土地获取风险，则需要考虑应如何承担该风险。一种方式是东道国政府/承购方取得土地之后与项目公司签订项目合同，这种方式需东道国政府/承购方在项目合同中向项目公司表明及保证该土地的所有权问题不会影响资源·基础设施 PPP 项目的实施，并承诺未来不会出现该问题。另一种方式是东道国政府/承购方在项目合同中承担取得和维持土地所有权，以确保所有权问题不会影响资源·基础设施 PPP 项目实施的义务。

当东道国政府/承购方违反上述规定时，东道国政府/承购方应对项目公司的损失进行赔偿或补偿，此时需要考虑的问题是，该损害赔偿或补偿中是否应包含项目公司本应获得的利润。若不可抗力导致东道国政府/承购方无法获得土地，对项目公司的损害赔偿或补偿中也许不应包括项目公司本应获得的利润。然而，若东道国政府/承购方违反了其担保或承诺，或者东道国政府/承购方由于自身没有履行其义务时，一般而言，为确保社会资本方的资本金内部收益率，损害赔偿或补偿中应包括项目公司本应获得的利润。

社会资本方究竟是否应该承担土地获取风险呢？若存在多数适合该项目的土地，而且可以通过市场机制获得，社会资本方能够控制该风险，则由项目公司承担该风险。在此情形下，项目合同中规定项目公司承担土地取得义务。但若存在居民反对或土地正在被其他人使用的情形，土地获取风险便不是社会资本方可以控制的风险，此时在项目合同中不应让项目公司承担土地获取义务，也就不应由项目公司承担土地获取风险。需要指出，一般在资源·基础设施 PPP 项目中，社会资本方很少可以通过市场机制获得适用于项目的土地。

会有主张认为，既然合同双方是平等的，若项目公司承担的责任存在上限，东道国政府/承购方承担的责任也应存在上限。然而，由于合同主体在合同中的职责及承担的风险不同，不同合同主体承担的履约义务当然也应不同。这种无视合同主体在合同中的职责而主张形式上的平等是没有理解合同本质的表现，不具有合理性。

（B）阻碍项目公司履行合同义务的风险或履行该义务导致项目公司成本增加的风险

此类风险包括法律变更风险及不可抗力风险等。对于运营风险等（A）类风险，即使让社会资本方承担，也并不是所有情形下都能够承担的。例如不可抗力事件的发生导致项目公司无法继续运营时，如（1）中所述，应由东道国政府/承购方承担该不可抗力风险。因此，（A）类风险和（B）类风险之间并不是简单的并列关系。

在考虑（B）类风险分担问题时，需要考虑如下两种情形。

第一种情形是指在可用性付费型资源·基础设施PPP项目中，该风险的发生导致项目公司无法履行合同义务。

在这种情形下，作为项目合同主体的东道国政府/承购方该如何履行其合同义务（特别是支付义务），实质上属于风险分担范畴。可用性付费型资源·基础设施PPP项目中对待该风险的基本策略为：不取消可用性付费，而是赋予项目合同主体解除合同的权利。若项目合同被解除，东道国政府/承购方应补偿项目公司的损失。此时，项目公司的损失一般为未回收的固定成本。如8.9.2所述，可用性付费型资源·基础设施PPP项目通过可用性付费回收固定成本。因此，合同解除时损失补偿方式为东道国政府/承购方从项目公司回购项目设施（若项目仅包括设施建设，则设施指解约时的已完工程），回购价格（按现值计算）可认为是尚未支付的可用性付费（若项目仅包含设施建设，则回购价格为至解约为止的项目公司

第 9 章 主要项目合同的特征

产生和支付的实际成本及解约相关成本）。因此，法律变更风险或不可抗力风险的发生导致项目公司无法履行合同义务时，作为合同主体的东道国政府/承购方的可用性付费义务实质上没有消失。若上述资源·基础设施 PPP 项目中对（B）类风险的处置与《民法典》中规定的东道国政府的风险分担类似原则相抵触，则应根据资源·基础设施 PPP 项目的基本理论在项目合同中设置相关规定。

有人认为，在项目完工前由于法律变更或不可抗力的发生导致项目解约时，应按照已完工设施的市场价值向项目公司支付损害赔偿。然而这种观点并不合理。首先，在项目合同解约时，项目公司支出成本不仅包括施工成本，还包括设计成本及其他项目成本。项目公司不承担法律变更或不可抗力风险则意味着东道国政府/承购方也应向项目公司补偿设计成本及其他项目成本。其次，假若自然灾害的发生使得项目无法实现产出，导致设施的市场价值为零。若依据上述观点，东道国政府/承购方实际上并没有承担风险。因此，回购价格并不等于已完工设施的市场价值。回购仅是东道国政府/承购方承担法律变更风险或不可抗力风险的权宜之计，承担这些风险意味着补偿项目公司到解约为止的项目实际成本及项目解约相关支出。也许有人认为政府支付高于已完工设施市场价值是不合理的。然而，由于法律变更或不可抗力导致项目解约时，政府向项目公司的赔偿支付额取决于项目合同整体的风险分担，这意味着支付额应根据项目合同整体进行评价。因此，仅考虑已完工设施部分而认为回购价格应等同于市场价值的观点不具有合理性。

第二种情形是指该风险的发生虽然没有导致项目公司无法履行

合同义务，但会引起项目公司支出成本增加[①]。如9.1.1（1）所述，这种风险应由东道国政府/承购方承担。

在这种情形下需要解决的问题是，东道国政府/承购方应在什么时候向项目公司支付该项增加成本。如8.11所述，项目公司本身缺乏现金支付能力，需将东道国政府/承购方的支付作为成本支出的资金来源。因此，在项目公司支出成本增加之前，东道国政府/承购方需要向项目公司支付足够的补偿金额以保证项目支出。否则，项目公司需要在实际支出与东道国政府/承购方支付追加成本补偿这段时间内通过过桥贷款筹措资金，以确保项目支出。在实际操作中，项目公司可以通过社会资本方注入次级债的形式筹集资金，但由此产生的融资成本最终由东道国政府/承购方承担。换言之，若东道国政府/承购方无法及时向项目公司支付追加成本补偿，融资成本会最终导致东道国政府/承购方负担增加。在实践中，东道国政府/承购方可能会由于预算制约无法支付追加成本补偿。但预算问题仅是东道国政府/承购方的内部问题，考虑到其需要额外支付的融资成本，东道国政府/承购方需要慎重考虑不及时支付追加成本补偿的利弊。

（3）市场风险

如8.9中所述，根据社会资本方是否承担市场风险，资源·基础设施PPP项目可分为承担市场风险型与可用性付费型两种类型。在社会资本方不承担市场风险的PPP项目中，只要项目公司具备并保持按照项目合同规定提供产品或服务的能力，东道国政府/承购

[①] 此外，在日本的一些PFI项目中，若法律变更风险或不可抗力风险导致东道国政府/承购方（不是项目公司）承担成本增加，有主张认为项目公司应分担部分该增加成本。但传统模式下该风险是由东道国政府/承购方承担的，让社会资本方承担该风险只能减少物有所值，对社会资本方和东道国政府/承购方均无益处。因此，当法律变更风险或不可抗力风险导致东道国政府/承购方承担成本增加时，该增加成本100%应由东道国政府/承购方承担。

第9章　主要项目合同的特征

方便会向其支付满额的可用性付费。另一方面，在社会资本方承担市场风险的 PPP 项目中，通常项目公司向使用者提供产品或服务，并通过使用者付费获得收益，一般东道国政府/承购方不进行支付。

一般对社会资本方而言，实施承担市场风险型资源·基础设施 PPP 项目模式具有较大的难度。特别是很难确定市场风险的影响因素，即使考虑到不可抗力事件可能导致产品或服务无法销售，社会资本方也需要承担由于法律变更或不可抗力导致的需求量降低风险[1]，很多教科书在解释承担市场风险型与不承担市场风险型 PPP 项目的区别时并没有提到这方面问题。另一方面，除了影子价格付费[2]的项目之外，东道国政府/承购方在承担市场风险型资源·基础设施 PPP 项目中不向项目公司支付补贴。这对于面临较大财政困难的东道国政府/承购方具有较大的吸引力。而且，东道国政府/承购方的咨询机构有时会过度渲染承担风险型资源·基础设施 PPP 项目的魅力，以致此类型 PPP 项目占据 PPP 项目的主流位置。虽然本书并不认为所有的承担市场风险型资源·基础设施 PPP 项目都不可行，但在实践中包括日本的 PFI 在内，确实出现了很多承担市场风险型资源·基础设施 PPP 项目的失败案例。这说明对长期的需求量进行客观预测是非常困难的。

一般而言，在处于经济成长、人口增加阶段的国家或地区，社会资本方通常能够在基础设施 PPP 项目中承担市场风险。英国早期的 PFI 项目，例如连接伦敦中心与近郊的城市轨道交通 PFI 项目中私营企业承担了市场风险，但该项目明确规定伦敦中心与近郊区域

---

[1] 由不可抗力导致的设施受损或功能受损导致无法提供产品或服务的风险不属于市场风险。

[2] 例如，一般高速公路项目直接向使用者收费，而有些高速公路项目则不向使用者收费，由东道国政府根据交通流量向项目公司付费。这种由东道国政府支付的通行费被称为影子价格付费。

不再建设其他交通设施。这意味着若不能明确基础设施PPP项目的具体市场位置，社会资本方将很难判断是否能够承担市场风险。

几年来，日本开始在机场等领域引入特许权形式的承担市场风险性基础设施PPP项目模式，也包含"机场PFI项目"。然而，这些政策也许并没有理解"承担市场风险性PPP项目"一般较难实施这一基本常识。以日本机场PFI项目为例，作为以PFI形式实施的项目先决条件，政府必须首先根据日本及亚洲其他地区运输情况确定机场的市场定位（是否为枢纽机场？若为枢纽机场，政府的具体政策措施是什么？在中央政府与地方政府之间应考虑和执行哪些协调措施等）。倘若不考虑以上问题，社会资本方无法就是否承担市场风险做出合理判断，也就不会选择参与这样的基础设施PPP项目[1]。

此外，随着2008年全球金融危机的发生，众多资源·基础设施PPP项目出现了很多问题。也许有人说全球金融危机是百年不遇的，因此不具有参考价值。但过去的经验表明，金融危机发生的频率并不低。在亚洲范围内，1997年也发生了亚洲货币危机。由于资源·基础设施PPP项目的项目期通常超过10年，这意味着在项目实施期内可能至少会发生一次全球或亚洲范围内的金融危机。因此，社会资本方需要对未来需求进行慎重预测，在项目合同中应要求东道国政府/承购方在金融危机发生时提供支持。

（4）社会资本方的风险应对措施及完工风险

如（2）（A）中所述，资源·基础设施PPP项目的完工风险应由社会资本方承担，若社会资本方无法承担该风险，则该项目不宜采用PPP项目模式。同时如（2）（B）中所述，即使社会资本

---

[1] 菲律宾马尼拉国际机场的案例说明了机场市场定位的重要性及政治风险发生时出现的问题。

第 9 章　主要项目合同的特征

方承担完工风险，法律变更风险及不可抗力风险仍应由东道国政府/承购方承担。但若因为社会资本方导致项目无法完工，首先需要考虑东道国政府/承购方应该采取什么措施，在此基础上进一步考虑社会资本方应采取的应对措施。

例如在典型项目 2 的 PPP 项目中，项目合同中规定供应能力为 1 000 MW 的天然气焚烧发电厂的完工风险由项目公司 Y 承担。即使 1 MW 的供应能力不足也意味着项目没有完工，承购方 X 可以以项目公司违约为由解除项目合同。项目公司该如何应对该项目的完工风险？具有理性的项目公司（或者是在 EPC 合同中承担完工风险的 EPC 承包商）会设置一定的缓冲量，例如以多于 1 000 MW 发电能力为完工目标来应对完工风险。这种应对方式意味着项目完工成本的增加，最终东道国政府/承购方向项目公司支付的对价也随之上升，也就影响了物有所值的实现。

对于东道国政府/承购方而言，若不足 1 MW 的电力导致无法实现其社会目标，此时拥有项目合同解约的权利是具有合理性的。然而实践中基本不存在这种情形。因此，可以考虑满足一定的性能水准（如 1 000 MW 的 95%）便可认定为完工（此时东道国政府/承购方不具有解约的权利），而针对性能不足部分采用减少可用性付费的形式。若东道国政府/承购方采取上述完工风险的应对措施，社会资本方便不需要在设定完工目标时考虑增加一部分缓冲值，而是以具有 1 000 MW 发电能力的发电厂的建设为完工目标，也就相应地保证了该项目的物有所值的实现。

对于上述由社会资本方承担的风险，根据其风险应对策略，东道国政府/承购方还可考虑如何激励社会资本方更加努力地应对上述风险，从而增加东道国政府/承购方的利益。

（5）不可抗力风险

如（1）中所述，若让社会资本方承担不可抗力风险可能会导致项目无法实现物有所值，因此理论上应由东道国政府/承购方承担。但在某些情形下，社会资本方也可以控制不可抗力，此时应由它们承担该不可抗力风险。

例如英国财政部发布的 PFI 合同标准化（第 4 版）[5]中规定，不可抗力事件可进一步分为不可抗力和救济事件（Relief Event）①。前者发生时，基本应对措施是解除合同，由东道国政府/承购方负责承担该事件导致社会资本方支出的增加成本。而后者发生后可免除社会资本方的合同义务。但由于社会资本方有能力对该风险进行控制，因此应由社会资本方承担该风险发生时产生的增加成本。

另一方面，大陆法系的部分国家将不可抗力事件定义为满足如下条件的事件：a.导致法定义务不履行②的违约事件；b.既不是债权人也不是负债人的原因引起的事件。根据上述定义，一方面，是否免除社会资本方在项目合同中的履约义务取决于是否发生了不可抗力事件。另一方面，若不可抗力事件没有导致不履约而只是项目成本的增加，需要慎重判断是否应将已发生的风险事件归类为不可抗力事件。

综上，不同国家的民法对不可抗力事件有着不同的观点，在签订资源·基础设施 PPP 项目合同时需要充分考虑如何正确应对不可抗力事件。

---

① 救济事件包括火灾、爆炸等风险。该类风险发生时往往超出社会资本方的控制，因此社会资本方被免除合同义务。但该类风险往往可以通过社会资本方购买保险或进行周到的计划和管理加以预防，因此对该风险发生导致的增加成本应由社会资本方承担。

② 不可抗力事件是判断债务人是否承担违约责任或免除其债务履行义务的要素。

第9章　主要项目合同的特征

（6）政治风险

资源·基础设施 PPP 项目中存在各种各样的风险，其中在发展中国家需要尤其注意的风险之一为政治风险。政治风险包括政治暴力风险、违约风险、行政许可取消风险、外汇风险及法律变更风险等，东道国的发展程度不同，这些风险的大小也不同。由于社会资本方无法控制政治风险，应由东道国政府承担。

特许权协议/承购合同/PPP 项目合同中也应该规定政治风险由东道国政府承担。然而，虽然项目合同中如此规定，但并不意味着社会资本方不需要考虑政治风险。有些政治风险的分担无法通过项目合同加以明确规定。例如东道国政府/承购方违约时，项目公司可能很难最终通过法庭实现自己的权利，甚至可能难以提起诉讼，因此不能期待东道国政府法庭做出公平的审判。此外，即使利用第三方法庭或者仲裁解决纠纷，在法庭审判或仲裁决定的最终执行阶段，若东道国政府/承购方的资产全部置于东道国，仍需要东道国政府法庭进行强制执行，同样可能无法期待公平执行。

减轻政治风险极为有效的手段之一为出口信贷机构（Export Credit Agency，ECA）[①]或多边开发银行（Multilateral Development Bank; MDB）[②]参与资源·基础设施 PPP 项目。若东道国政府不遵守项目合同，ECA 或 MDB 无法回收债务会引起国际问题，因此可以减轻政治风险。然而，这种单独的举措是不够的。重要的是要从客观的角度精确判断特定的资源·基础设施 PPP 项目是否真的为

---

①出口信贷机构是各国设置的官方金融机构，其目的是促进进出口贸易及海外投资。虽然名称为出口，但不局限于出口贸易。例如，美国进出口银行、日本国际协力银行、日本贸易保险机构等。

②多边开发银行是指以开发为目的进行贷款的由几个国家共同成立的国际金融机构，如世界银行、国际复兴开发银行、国际金融公司、亚洲发展银行及欧洲复兴开发银行等。

东道国民众带来利益。在超过10年的项目期内，项目会经历如金融危机等众多困难。在项目处于危机时，东道国政府会在有限的资源限制条件下划分项目优先等级，此时，真正为国民利益考虑的东道国政府会优先选择支持那些为国民带来较大收益的公共性强的项目。无论在项目合同中规定东道国政府支付多少，若民众不使用项目提供的产品或服务，意味着该项目最终无法得到民众的支持。如8.7.2所述，社会资本方应充分研究资源·基础设施PPP项目在东道国的合法性。相反，若社会资本方不对上述事项进行充分研究和探讨便参与到资源·基础设施PPP项目中，则项目失败的可能性较大。

日本的PFI项目往往将项目的公共性程度列为政府的考虑事项。社会资本方在参加PFI项目招投标时，无论实际上项目的公共性如何，往往只考虑如何实现项目合同中规定的项目内容，而对项目的公共性属性毫无兴趣。这也许是以往只从事施工业务的施工企业的想法。但由于资源·基础设施PPP项目运营期通常超过10年，项目的运营维护商不得不考虑上述政治风险。在以往10年中许多日本的PFI项目也经历了政治风险。例如，某PFI项目没有成功实施，仅是因为市政官员的更替。在政治风险发生时，无论项目合同如何规定，政府并不会对社会资本方蒙受的全部损失进行赔偿。因此，对于某些资源·基础设施PPP项目，如医院，社会资本方不能想当然地认为其公共性较强，而需要客观地评价东道国国民是否真正需要该项目提供的产品或服务。

9.1.2 项目合同中的对价

（1）承担市场风险型项目的对价

如8.9所述，资源·基础设施PPP项目可分为承担市场风险型

第9章 主要项目合同的特征

和可用性付费型两种类型。在承担市场风险型资源·基础设施 PPP 项目中，项目公司通过使用者付费获得对价。社会资本方在资源·基础设施 PPP 项目的招投标过程中将对价明确写入投标文件中，并适用于整个项目期内。

如 3.1.1 中所述，被赋予"特许权"的项目为承担市场风险型项目。若东道国政府/承购方将"特许权"有偿出让给社会资本方，特许权的"价格"将被作为特许权授予的条件，这个"价格"则体现在产品或服务的使用者支付给社会资本方的对价中。这里需要指出，根据特许权的出让"价格"，可能会存在使用者被迫负担高于产品或服务使用价值的风险。此外，若特许权价格与使用者付费的对价同时被作为招投标条件，则还需要考虑是否存在对两者进行合理评价的标准。因此，在引入授予特许权的资源·基础设施 PPP 项目时，需要东道国政府进行慎重和周到的考虑。

（2）可用性付费型项目的对价

如 8.9.2 中所述，可用性付费型资源·基础设施 PPP 项目中，若能够实现和维持要求水准规定的可用性状态，东道国政府/承购方按照合同规定向项目公司支付可用性付费，但若没有达到可用性状态，则根据没有达到的程度对部分可用性付费进行扣减。承购方向项目公司的支付可分为可用性付费与使用量付费两种。其中，可用性付费取决于项目是否达到可用性状态，而使用量付费则取决于实际使用量。可用性付费用于支付固定成本，与项目公司实际提供的产品和服务量无关。因此，在可用性付费型资源·基础设施 PPP 项目中，项目公司不承担市场风险。

对于根据可用性状态进行付费的资源·基础设施 PPP 项目，若由于项目公司无法实现和维持要求水准规定的可用性状态，应根据没有实现的程度对可用性付费进行扣减。因此，对项目公司而言，能否达到并维持要求水准规定的可用性状态至关重要。由于资源·基础设施 PPP 项目是以运营为最终目的，可用性状态需达到规定的运营要求水准，因此应根据项目合同中规定的性能或产出标准对可用性状态进行量化评价。相反，若资源·基础设施 PPP 项目只包括维护业务，无论在理论上还是实务上都很难客观地量化和评价是否达到了维护要求水准规定的可用性状态。

在资源·基础设施 PPP 项目中，社会资本方承担运营风险。这意味着由于社会资本方没有达到和维持要求水准规定的可用性状态时，项目公司需承担运营风险。在实际操作中，政府根据没有实现要求水准规定的程度扣减可用性付费金额。这一点将在 9.1.3 中进行进一步阐述。

（3）可用性付费型项目的合同对价的特殊性

如 8.10 中所述，在资源·基础设施 PPP 项目期内，项目业务内容保持不变，项目绩效标准也不会改变。但若项目期内项目业务内容发生变化，该如何变更项目合同对价呢？首先，在项目期内变更项目业务内容本不合理，因此讨论项目合同对价的变更事实上没有意义。但笔者在这里想强调，在项目期内变更项目合同对价体现了合同主体没有正确理解可用性付费型资源/基础设施特许权协议/承购合同/PPP 项目合同对价的特殊性，因此也就没有真正理解资源·基础设施 PPP 项目的本质。

首先，项目合同规定的产品或服务数量增加或降低时该如何变更项目合同对价？假设根据 2 名员工的劳动成本合同计算项目合同对价，产品或服务数量增加 20% 并不一定意味着劳动成本增加 20%。当增加的产品或服务数量需要 3 名员工方可完成时，劳动成本增加了 50%。其次，项目合同规定的质量水平提高时，又该如何合理变更项目合同对价呢？有人认为，可以以类似项目的合同对价

第9章 主要项目合同的特征

为基准，但社会资本方不同，相应的合同对价必然不同。合同对价应通过物有所值和资本金内部收益率的对比来决定，因此类似项目的合同对价不能作为其他项目合同对价的客观基准。此外，若类似项目不是资源·基础设施PPP项目，其合同对价不能反映资源/基础设施特许权协议/承购合同/PPP项目合同对价的特殊性，因此也不能作为资源/基础设施特许权协议/承购合同/PPP项目合同对价的客观基准。资源/基础设施特许权协议/承购合同/PPP项目合同对价是在选择社会资本方阶段通过招投标决定的，在理论上不存在其他改变或决定项目合同对价的方法。

有人主张在可用性付费型资源·基础设施PPP项目中，应以类似项目的合同对价为基准决定项目业务内容变更后的合同对价，这个观点似乎不无道理。然而，项目合同对价随着具体项目业务内容（包括内在的风险和内容）的不同而不同，而且项目合同对价是否合理还取决于社会资本方。换言之，合同对价因社会资本方的不同而不同，并由此实现物有所值。因此，以类似项目的合同对价作为决定资源/基础设施特许权协议/承购合同/PPP项目合同对价的基准是不合理的。

一方面，在可用性付费型PPP项目期内，原则上不允许项目合同对价的变更，即在超过10年的项目期内，合同对价是固定不变的。另一方面，在一般项目中，不会出现合同对价长期固定不变的情形。例如，每年或每几年合同双方会针对合同对价变更展开再谈判（若再谈判没有针对合同对价变更取得一致，项目即刻终止）。这是合同对价受市场状况、物价水平、法律变更等项目参与主体无法控制的因素影响所导致。因此，在一般项目中，企业可以通过对价变更，或者退出项目进行其他项目来应对上述风险。但在资源·基础设施PPP项目中，在长时间项目期内合同对价固定不变，社会资本方没有退出项目或者开始新项目的自由，处于锁定状态。因此，不能将资源·基础设施 PPP 项目中的社会资本方与一般项目中没有被锁定的企业相提并论。反言之，资源·基础设施 PPP 项目中合同对价长期固定不变是因为社会资本方只承担自身可以控制的风险，而没有承担其他风险。这意味着可用性付费型资源·基础设施 PPP 项目的合同对价与一般项目相比有其特殊性。若拟参考的类似项目并非资源·基础设施 PPP 项目，决定合同对价的基准完全不同，因此不应以该类似项目的合同对价作为变更资源/基础设施特许权协议/承购合同/PPP 项目合同对价的基准。

9.1.3 可用性付费型项目中项目公司承担风险的方式

（1）运营期内运营风险的承担方式

如 7.2.6 中所述，社会资本方对运营风险的承担具体表现为"社会资本方与东道国政府/承购方之间资金转移"与"社会资本方内部的成本负担"两种方式。首先对"社会资本方与东道国政府/承购方之间资金转移"方式进行详细阐述。

在项目运营期间，若由于社会资本方导致没有实现项目的可用性状态或没有维持项目合同中规定的要求水准（即在此状态下项目公司没有按照项目合同履行其提供产品或服务的义务），意味着项目公司陷入项目合同的债务不履行状态（违约状态）。根据民法的一般原则，项目公司承担其违约给东道国政府/承购方带来的损失的赔偿义务。例如，在典型项目 2 中，若项目公司 Y 因为其自身导致没有实现电力贩卖合同中规定的发电能力，项目公司 Y 将承担承购方 X 因此蒙受损失的赔偿义务。于是需要考虑损害赔偿责任与 9.1.2 中所述的可用性付费扣减之间的关系。

首先，若损害赔偿责任与 9.1.2 中所述的可用性付费扣减均由

第9章 主要项目合同的特征

项目公司承担，会出现什么情况？项目公司承担损害赔偿责任至少会弥补东道国政府/承购方的损失，同时扣减可用性付费是否具有合理性尚存有很大的疑问。有人认为，可用性付费的扣减是为了赔偿东道国政府/承购方的期望损失，但若实际损失大于可用性付费的扣减额度，应由项目公司承担赔偿责任。若此观点成立，那么赔偿东道国政府/承购方期望损失的合理性又体现在哪里呢？

由于项目公司缺乏现金支付能力（详见9.11），因此无论在项目合同中如何规定项目公司赔偿损失也不具有实效性。这也最终体现了7.2.4中所述的资源·基础设施PPP项目关于"投资"的有限责任。在资源·基础设施PPP项目中，社会资本方承担无法回收股本资金的风险。但私营企业投入的股本资金已全部用于支付项目成本，因此无法再以赔偿损失的形式承担运营风险。

由于项目公司缺乏现金支付来源，可用性付费型资源·基础设施PPP项目中，项目公司只能以扣减可用性付费的方式承担运营风险，只有这样才能对运营风险进行客观量化。

也许有反对意见认为，项目公司可以用扣减后的可用性付费收入补偿东道国政府/承购方的损失，因此项目公司具有支付违约金的资金来源。但若此观点成立，则没有必要采用扣减可用性付费的方式对运营风险进行客观量化。反言之，通过扣减可用性付费对运营风险的客观量化，社会资本方能够在权衡风险与收益的关系后决定投标报价，从而实现（或增加）物有所值。

上述结论同样适用于由于项目公司导致资源·基础设施PPP项目终止的情形。在项目运营期内由于项目公司导致项目合同终止时，由于项目公司不具有赔偿资金，由项目公司赔偿东道国政府/承购方的损失不但不具有现实性，而且也无法对运营风险进行客观量化。因此，项目合同终止时，东道国政府/承购方向项目公司支付扣除一定比例后（如30%）的设施回购价格（通常为未支付的可用性付费的现值），项目公司也以这种形式承担运营风险。

也许还有人认为，可以在运营维护合同中规定运营维护商承担项目合同中规定的项目公司承担的赔偿责任。但如7.2.6所述，这种做法违反了资源·基础设施PPP项目的本质，即投资的有限责任原则。也许还有人认为，根据民法规定，若项目公司陷入债务不履行状态，项目公司应赔偿东道国政府/承购方实际蒙受的损失。然而，如7.2.6所述，根据自由合同的原则，项目合同的内容需符合资源·基础设施PPP项目基本原则。以民法的规定为理由否认资源·基础设施PPP项目的基本原则是本末倒置的做法。

其次，讨论另外一种运营风险承担方式，即"私营企业内部的成本负担"。如7.2.6中所述，该运营风险具体表现为项目公司（实际上是运营维护商）导致运营维护成本高于预期成本。这部分实际上由运营维护商导致的成本增加，由项目公司负责支付。但是，除了用于社会资本方分红的资金外，项目公司没有资金向社会资本方支付这些增加成本。根据所有者兼运营维护商的原则，社会资本方与运营维护商为同一法人，最终仅表现为付款账户的更改，即向社会资本方支付分红改为向运营维护商支付增加成本。

（2）设计施工期完工风险的承担方式

社会资本方对项目完工风险的承担也具体表现为"社会资本方与东道国政府/承购方之间资金转移"与"社会资本方内部的成本负担"两种方式。首先针对"社会资本方与东道国政府/承购方之间资金转移"方式进行阐述。

由于项目公司到项目最终完工时间为止未达到项目合同规定水准，则意味着项目公司违约。但由于项目公司缺乏资金来源，即使

第9章 主要项目合同的特征

让其承担赔偿责任也不具备实效性。与运营风险一样，通过完工风险进行客观量化，社会资本方可以在权衡风险与收益的关系后决定投标报价，从而实现（或增加）物有所值。

根据以上原则，通常在项目合同中规定，由于项目公司导致项目没有按照要求水准完工，东道国政府／承购方可解除项目合同，此时项目公司需支付约定数额的违约金。为确保该约定数额违约金的支付，东道国政府／承购方在事前要求项目公司出具对应数额的银行保函，如备用信用证（Standby L/C）或保证金（Bond）等。通常由社会资本方基于其信用等级向银行申请上述银行保函，并将其提交给东道国政府／承购方。因此，对社会资本方而言，提供该银行保函意味着其承担了额外成本，该成本的大小需根据市场条件决定。由于该额外成本必然包含在可用性付费中，金额过高则会减少物有所值，从而给民众带来损失。对项目公司而言，若该风险是由EPC承包商导致的，应将该风险转移给EPC承包商。因此在EPC合同中明确规定，若发生项目公司向东道国政府／承购方支付约定违约金的情形，EPC承包商应向项目公司赔偿同等金额。东道国政府／承购方之所以要求约定违约金相同金额的银行保函，是因为东道国政府／承购方不是EPC合同的合同主体，因此无法依据EPC合同让EPC承包商对其期望损失进行赔偿。换言之，东道国政府／承购方要求社会资本方提供银行保函恰恰反映了其无法依据EPC合同获得违约金的事实。

无论项目按照要求水准完工与否，在资源·基础设施PPP项目的设计施工阶段可能还会存在因项目公司导致项目没有按时完工的风险（工期风险）。基于对风险进行客观量化的观点，在这种情形下同样可以在项目合同中规定项目公司承担赔偿东道国政府／承购方期望损失的义务，同时规定每延迟一天的违约金金额，并根据延迟天数算出应支付的违约金金额。项目公司同样可以将由 EPC 承包商导致的工期风险转移给 EPC 承包商。即 EPC 合同中规定了 EPC 承包商对项目公司进行补偿的义务，从而使 EPC 承包商承担等同于项目公司向东道国政府/承购方支付的违约金的赔偿义务。一般情况下，东道国政府并不要求与延迟引起的违约金等额的银行保函。

此外，如 9.1.1 中所述，即使项目没有满足事前规定的性能水准，但若已满足一定的性能水准，可以认为完工，并按照性能没有满足的比例扣减可用性付费金额。这也体现了"社会资本方与东道国政府/承购方之间资金转移"的完工风险承担方式。根据背靠背条款和风险转嫁原则（详见 8.5.1），这个风险可转移给 EPC 承包商承担。如 9.3.2 中所述，由 EPC 承包商向项目公司支付违约金。

其次讨论另一种完工风险承担方式——"社会资本方内部的成本负担"。与运营风险一样，该风险具体表现为项目公司（实际上是 EPC 承包商）导致 EPC 工程成本超过预期，给 EPC 承包商带来了超支成本。但与运营风险不同，如 3.1.3 中所述，EPC 工程采用固定总价合同，EPC 承包商承担该超支成本，不能向项目公司要求额外支付。因此，完工风险的超值成本负担是由 EPC 承包商承担。关于这一点，将在 9.3.1 中进一步阐述。

此外，通过"社会资本方内部的成本负担"承担的项目完工风险中存在运营风险中没有包含的风险因素。具体表现为，虽然满足项目合同中规定的性能水准，但发挥该性能所需的运营维护成本高于预期。例如，在典型项目 2 的资源·基础设施 PPP 项目中，虽然实现了 1 000MW 的产出性能要求，但需要比预期多的天然气（原料）数量（详见 9.3.2）。该风险被认为包含在完工风险中，因此由 EPC 承包商承担。EPC 承包商承担该风险的具体方式是向项目

第9章 主要项目合同的特征

公司支付违约金（详见9.3.2）。

9.1.4 项目结束时将项目设施移交给东道国政府/承购方的理由

在BOT项目合同中规定了东道国政府/承购方有义务在项目结束时接管由项目公司移交的项目设施。该项目设施的转让通常是在无偿条件下进行的。为什么项目结束时需要将项目设施移交给东道国政府/承购方呢？

移交项目设施的主要理由是该项目提供的产品或服务本应由东道国政府/承购方负责提供，在该项目结束后应由东道国政府/承购方通过接管项目设施由其自身或者委托第三方继续该项目设施的运营并提供产品或服务。当然，也可以考虑更新项目合同由社会资本方继续提供该产品或服务。然而，这取决于东道国政府/承购方能否与社会资本方就合同更新达成一致。由于存在无法达成一致的可能性，在签订项目合同时仍以项目结束时不更新项目合同为前提条件。相反，即使项目结束时项目设施不移交给东道国政府/承购方并由社会资本方继续持有，若社会资本方没有继续运营项目的意愿，项目设施通常也无法用来生产或提供其他的产品或服务。这意味着社会资本方继续持有该设施反而使其承担了本不用承担的责任风险。当然，东道国政府/承购方也不会因社会资本方继续持有该设施而向其支付报酬。社会资本方因此会选择拆除该项目设施进行其他项目，自然该拆除成本包含在合同对价中。最终结果是项目总成本的无谓增加，从而减少了项目的物有所值。

此外，在项目实施期内，若因项目公司导致项目合同解约，东道国政府/承购方是否应该接管该项目设施是需要考虑的重要事项。若东道国政府/承购方不接管该项目设施，理所当然不会继续向项目公司支付可用性付费。于是，对项目公司而言，除了继续持有该项目设施并无其他选择。而由于项目公司既不会继续提供产品或服务，也无法利用该项目设施提供其他产品或服务，项目公司将无法收回未支付的可用性付费。这意味着社会资本方将承担上述风险，若未支付的可用性付费金额较大，则合同对价中包含较大的风险溢价，从而导致合同对价增加，减少了项目的物有所值。

那么，项目实施期内由于项目公司导致项目解约时，东道国政府／承购方是否具有接管项目设施的义务？答案是，即使合同中没有规定此义务，也应将接管项目设施作为权利加以规定。无论是权利还是义务，如9.1.3中所述，回购价格通常应基于未支付的可用性付费金额的现值扣除一定比例（例如30%）的标准设置。在实际操作中，有些项目合同将东道国政府接管项目设施作为权利，而有些则将其作为义务加以规定。但若将回购作为东道国政府／承购方的义务，将产生如下矛盾：尽管是项目公司导致项目解约，东道国政府／承购方仍然承担回购义务。此外，若优先债权人的贷款金额小于回购价格，在因项目公司导致项目合同解约时，优先债权人能够全部收回其贷款。这意味着优先债权人没有承担应承担的风险，因此该项目贷款并不是内含项目风险的项目融资，只是以东道国政府／承购方的支付能力为担保的公司融资。需要指出的是，在这种情形下，项目融资的优势——选择新的社会资本方重建项目——将不复存在。

日本的PFI项目合同中规定，在项目合同结束时，若项目设施存在瑕疵，项目公司需修复之后将项目设施移交给东道国政府／承购方。但若项目提供的产品或服务满足要求水准，则无法让项目公司承担（产品或服务满足要求水准之外的）上述义务。即使项目公司承担该修复义务，履行该义务的资金（违反该义务时赔偿东道国

第9章 主要项目合同的特征

政府/承购方损失的资金）基本源自可用性付费。若当期可用性付费支付完毕，该资金随后将被项目公司用于支付贷款、业务委托价款及社会资本方的分红，并没有剩余履行义务的资金，因此该义务的规定不具有实效性。当全部的可用性付费支付完成，若设施修复成本高于最后一期的可用性付费，则无法期望瑕疵能够得到修复。在特许权协议/承购合同/PPP项目合同中规定私营企业承担某种义务时，履行该义务的资金只源自可用性付费，这是特许权协议/承购合同/PPP项目合同和其他交易合同在本质上的不同之处。需要指出的是，在项目合同中规定项目公司承担不具有实效性的义务不仅可能会给社会资本方带来不必要的风险，而且可能会误导不具有PFI专业知识的民众，因此不应作为政府实施PFI项目的导向。

9.2 运营维护合同的特征

如3.1.2中所述，项目公司通过运营维护合同委托运营维护商对项目进行运营和维护，提供项目合同中规定的产品或服务。运营维护合同规定了运营维护商需对项目公司承担按照项目合同中规定的要求水准对项目进行运营的义务。以下对运营维护商遵循运营维护合同实施运营维护业务获得的对价——运营维护业务费进行阐述。

通常的业务委托合同中，运营维护业务费包含承包商的成本和利润。但在项目融资中，社会资本方只能在还清各期债务（包括本金和利息）后才能获得利润，13.2中将对具体操作方法——现金流瀑布条款（Waterfall Provisions）——进行详细阐述。换而言之，项目融资不允许股权泄露（Equity Leakage），即不允许社会资本方在还清各期债务之前获得利润。

现金流瀑布条款中规定，项目公司在运营期间获得的现金收益要按照如下优先等级顺序进行支付：①税金和规费等，运营维护业务费；②项目融资优先贷款的本金和利息偿还；③社会资本方的分红（详见 13.2）。社会资本方股本分红的优先等级低于项目融资优先贷款的本金和利息偿还，在实际操作中规定社会资本方只能在还清各期债务（包括本金和利息）后才能获得利润。

如 8.1 与 7.2.2 中所述，资源·基础设施 PPP 项目是以运营为主体，社会资本方的利润最终以股本分红的形式实现，因此，运营利润是以分红的形式支付给社会资本方的。若运营维护业务费中包含利润，则该利润为项目运营利润。根据现金流瀑布条款规定的优先等级，运营维护业务费的支付处于最优先等级①。而根据 8.2 中所述的所有者兼运营维护商的原则，社会资本方与运营维护商是同一法人主体，若运营维护委托费中包含利润，则意味着社会资本方在还清项目融资贷款的本金和利息之前便获得了利润，即发生了股权泄露。因此，如 8.4.1 中所述，运营维护业务费中不应包含利润。此外，关于运营维护业务费支付处于最优先等级①的理由将在 13.2.2 中进行详细阐述。

此外，一些资源·基础设施 PPP 项目将运营维护业务的利润以次级运营维护业务费的形式进行支付，其支付优先等级处于②项目融资贷款的本金和利息偿还与③社会资本方的分红之间[①②]。

---

①在实践操作中，运营维护业务费中通常很难明确区别运营委托实际发生的成本和运营利润，此时需要委托第三方咨询机构进行判断。

②社会资本方的分红需要满足分红条件（详见13.2.5）。设置分红条件的目的是应对对象资源/基础设施PPP项目运营不当导致无法偿还优先贷款本金和利息的风险。次级运营维护业务费实质上是对社会资本方的分红，因此同样需要设置分红条件。

第9章 主要项目合同的特征

9.3 EPC 合同的特征

如 3.1.3 中所述，EPC 合同是 EPC 承包商受项目公司委托，以项目合同规定的项目完工为内容的合同，EPC 承包商在 EPC 合同中对项目公司承担按照项目合同中规定的要求水准完成项目施工的义务。在严格意义上，EPC 合同内容要求 EPC 承包商为项目公司承担项目操作完工的全部责任及项目合同中未规定的其他事宜。以下对 EPC 合同价格及未实现 EPC 合同中规定的性能水准时的期望损害赔偿进行阐述。

9.3.1 EPC 合同对价

如 3.1.3 中所述，EPC 合同通常采用固定总价合同形式，这意味着 EPC 承包商需承担 EPC 施工中发生的增加成本，因此无法要求项目公司额外支付该增加成本。在此意义上，项目公司通过内部成本负担承担完工风险。EPC 施工的增加成本与运营维护增加成本的区别在于，运营维护业务期通常超过 10 年，运营维护商本质上无法完全控制在此期间发生的运营维护成本。

9.3.2 未实现要求性能水准时的期望损害赔偿

如 9.1.1 中所述，东道国政府/承购方不应因项目公司没有达到项目合同要求的性能水准而解除项目合同，而应根据性能水准没有实现的程度扣减可用性付费金额。在典型项目 2 的资源·基础设施 PPP 项目中，没有满足要求性能水准意味着天然气焚烧发电厂没有实现 1 000MW 的发电能力。但也可能实现了 1 000MW 的发电能力，但用于发电的天然气需求量超出了预期（基准天然气需求量被作为绩效指标写入 EPC 合同中）。根据 EPC 合同，上述项目完工风险由 EPC 承包商承担（前者表现为"私营企业与东道国政府/承购方之间资金转移"，后者表现为"社会资本方内部的成本负担"）。问题是，EPC 承包商如何承担上述完工风险责任？

基于项目融资的观点，扣减可用性付费意味着偿债备付率（Debt Service Coverage Ratio, DSCR）（在实际操作中是预测 DSCR）的分子数值减小（项目公司的资金流入减少导致），结果导致 DSCR 减少。若天然气的需求量高于预期，同样 DSCR 的分子数值减小（运营成本增加导致），也将导致 DSCR 减少（详见 13.3.3）。

对优先债权人而言，上述结果意味着无法回收项目融资优先贷款的本金和利息的风险增加。为避免上述风险，需要尽可能地将 DSCR 值恢复到预期值。为达到此目的，可以考虑减小 DSCR 的分母值，这意味着减少项目融资中优先贷款的本金。为达到此目的，需要在当期偿还债务期限之前确保充足资金用于偿还优先贷款的本金。

基于上述观点，EPC 承包商应在项目公司偿还优先贷款期限之前向项目公司支付等同于当期应偿还本金的赔偿金额用于恢复 DSCR 值，该赔偿金额便是应对项目公司支付的违约金。因此，EPC 承包商向项目公司支付的损害赔偿金正是项目融资中当期偿还本金的资金来源。上述期望损害的赔偿方式表明违约金并不是事前特定的金额，而是根据不同的违约事项及违约的程度决定的。而对于 EPC 承包商而言，要通过上述期望损害赔偿责任（包括设置违约金上限）与实施 EPC 工程可获利润进行比较分析，判断其是否能够承担该违约金。

第三篇
项目融资基础理论

第 10 章 项目融资内容概述

10.1 项目融资定义

如 3.2 中所述,在项目融资中,项目公司为项目贷款的债务人,作为实质运营主体的社会资本方除了一些特定情形以外,原则上不承担项目贷款相关责任。

关于项目融资的定义众多,其中具有代表性的定义为:(1)以特定的项目为对象,原则上(2)以该项目的现金流为还债资金来源,同时(3)以该项目资产为担保的融资[10]。这个定义完全正确。但事实上对项目融资的定义很难做到既能够精确地涵盖项目融资的本质,又不需添加任何说明也能够让非专业人士理解。特别是结构融资、证券化等同样是依赖现金流的融资方式,为正确理解项目融资,首先需要明确这些融资方式与项目融资的区别。

10.2 与飞机融资之间的区别

在使用金融租赁的飞机融资(通常被认为是结构融资)中,贷款人向项目公司贷款,项目公司偿还贷款的资金原则上源于航空公司根据其与项目公司缔结的金融租赁合同向项目公司支付的租金。换言之,由于航空公司各期向项目公司支付的租金满足各期偿还贷款的条件,因此被称为金融租赁。对贷款人而言,原则上收到租金则能够收回贷款,因此只承担航空公司的信用风险,而不承担其他风险。

若将特定的飞机(或者该飞机的租赁业务)看作特定项目,将还债资金来源的租金收入看作该项目产生的现金流,并将担保限定于飞机资产[①],则使用金融租赁的飞机融资也符合项目融资的定义。但是通常不会将使用金融租赁的飞机融资称为项目融资,这是因为飞机(或者该飞机的租赁业务)并不是特定项目。

如第二篇所述,作为项目融资对象的资源·基础设施PPP项目以项目运营为主体,且项目成败取决于社会资本方的项目实施能力。这意味着作为项目融资对象的项目中,社会资本方能力不同,则项目产生的现金流也会不同(即项目现金流的波动与社会资本方的能力直接相关)。由于现金流的波动性较高,要求资源·基础设施PPP项目遵循所有者兼运营维护商原则(详见8.2)和责任单一性原则(详见8.6),以及项目融资中引入现金流瀑布条款等机制(详见13.2)。而对于飞机(或飞机租赁业务)而言,除了航空公司的信用风险以外,在确定时间能够获得确定金额的租金收入,因此现金流的差异较小(波动性较小)。这意味着飞机(或者飞机租赁业务)并不是现金流波动较大的特定项目,因此,使用金融租赁的飞机融资并不是项目融资。

10.3 与证券化的区别

在证券化中,项目公司通过向金融机构贷款筹措购买发起人(Originator)资产的资金。偿还贷款的资金原则上源自该资产产生

[①] 使用金融租赁的飞机融资中,除了飞机以外,还对保险索赔权及退押金索赔权(Deposit Refund Claim Right)设置了担保。对此,可能会有人认为飞机融资中担保的对象没有限定在项目资产本身上。然而,项目融资中担保的对象包括保险索赔权及退押金索赔权,这意味着保险索赔权及退押金索赔权属于项目资产范畴内。

的收入。若将该资产看作特定项目，将作为还债资金来源的该资产产生的收入看作该项目产生的现金流，证券化同样也符合项目融资的定义。

但如 7.1.3 中所述，证券化资产产生的现金流具有较小的波动性。换言之，波动性较大的资产本质上及理论上不应作为证券化的对象。这意味着证券化的资产并不是现金流波动较大的特定项目，因此，证券化不属于项目融资的范畴。

10.4 项目与资产的区别

综上所述，从资金筹措的视角来看，资产自身产生的现金流是关键，若该现金流的波动性较小，便可以依据该现金流筹措资金。相反，若资产自身产生的现金流波动性较大，除非存在可以有效控制该现金流波动性的主体，否则无法通过贷款（即以具有还债能力为前提）筹措以该现金流为还贷来源的资金（即贷款额至少超过最差情形下的净现金流）。而且，结构融资、证券化等以项目公司不破产为前提，需要引入各种策略防止项目公司破产。因此，需要将发起人的破产与项目公司隔离开来。在此意义上，在证券化中发起人需将资产转让给项目公司，以确保资产实现真正的买卖转让。

相反，项目本质上作为一个整体产生现金流，资产只是项目中的一部分。对于某些项目而言，也许无论谁负责实施该项目都会产生同样的现金流。但是，项目的成败取决于项目实施主体的项目实施能力。项目中产生的现金流通常波动性较大，这与项目实施主体的项目实施能力直接相关。这意味着项目公司存在破产的可能性。而且社会资本方破产会导致项目无法继续实施，项目公司也会随之破产。因此，项目融资能够采取的防止项目公司破产的措施非常有限,最终能够采取的措施仅为禁止项目公司或社会资本方发起破产申请。项目融资不将社会资本方的破产与项目公司进行隔离。而且,项目公司的资产原则上是项目公司新获得的资产,并不是从社会资本方购入的,因此不存在资产转让的问题。总之,项目融资以项目公司破产为前提,需要考虑如何应对项目公司破产后的情形。项目公司的破产应对措施将在14.5.2中进行阐述。

综上,基于资金筹措的视角,资产与项目存在本质上的不同。资产与项目各自产生的现金流也存在本质上的不同,因此,虽然形式上都是对项目公司进行贷款,都是以各自产生的现金流为还债资金来源,但使用金融租赁的飞机融资或证券化与项目融资存在本质上的不同。

下文首先在第11章中阐述采用项目融资的理由,第12章和第13章分别阐述项目融资的本质及项目融资的特征,最后在第14章描述融资主要相关合同的特征。

第 11 章　采用项目融资的理由

11.1　项目融资中收益的来源

如 6.1 中所述，采用资源·基础设施 PPP 项目的主要理由是其能为东道国政府 / 承购方与社会资本方双方带来收益。同样的，能为社会资本方与优先债权人双方带来收益是采用项目融资的主要理由。项目融资收益的来源与资源·基础设施 PPP 项目完全一样。由于项目融资可以提高社会资本方的资本金内部收益率（详见 11.2），这意味着与其他资金筹集手段相比，项目公司可能会以更低的价格向东道国政府 / 承购方或民众提供产品或服务，这同时也间接地给东道国政府 / 承购方带来收益。即通过项目融资筹集资金，社会资本方能够在资源·基础设施 PPP 项目中实现较高的收益，其增额收益的一部分会转移给东道国政府 / 承购方（有时也包括 EPC 承包商及其他业务的承包商）。

11.2 中将阐述项目融资给社会资本方带来的收益，11.3 中将阐述项目融资给优先债权人带来的收益。然而，项目融资既存在优势，也存在劣势或局限性。11.4、11.5 和 11.6 将分别以社会资本方、优先债权人及东道国政府 / 承购方为对象，详细阐述项目融资的劣势或局限性。

11.2 项目融资给社会资本方带来的收益

11.2.1 提升社会资本方资本金内部收益率

对社会资本方而言,项目融资给其带来的收益主要体现在通过杠杆效应提高资本金内部收益率。如 6.3 中所述,衡量社会资本方收益的指标为资本金内部收益率。为了说明什么是资本金内部收益率,首先需要解释项目的财务收益、内部收益率及净现值等概念。

1. 项目的财务收益、内部收益率及净现值

对投资项目而言,项目自身的财务收益至关重要。简而言之,财务收益是对项目投资回报的评价。投资项目中,内部收益率是评价项目财务收益的指标。由于资源·基础设施 PPP 项目中的项目公司并不实施其他项目,因此项目的财务收益原则上表示项目公司的财务收益。

由于资源·基础设施 PPP 项目时间较长,计算其财务收益时,资金流入时间、资金流出时间及资本金投入时间尤为重要。项目的财务收益需要在将资金流入和资金流出转化为现值之后进行计算,即采用了现金流贴现法(Discounted Cash Flow)。而评价项目财务收益是用现金流现值的方法计算项目的净现值。项目的净现值(Net Present Value, NPV)可以用式(11.1)表示

$$NPV = 项目资金流入的现值 - 项目资金流出的现值 \tag{11.1}$$

这里需要留意式(11.1)中资金流入的现值与资金流出的现值的具体含义。如 8.8.3 中图 8.1 所示,项目公司现金流中,项目公司的资金流入主要包括:

(1)设计施工期

资本金、次级债;

第 11 章　采用项目融资的理由

项目融资中的优先贷款。

（2）运营期

使用者付费、承购方支付。

项目公司的资金流出主要包括：

（1）设计施工期

项目成本。

（2）运营期

税金和规费等；

运营维护业务委托费；

项目融资优先贷款的本金和利息；

股本及次级债的分红。

以下为简化说明，假设项目投资全部由社会资本方股本投资。此时，项目公司的资金流入主要包括：

（1）设计施工期

资本金。

（2）运营期

使用者付费、承购方支付。

项目公司的资金流出主要包括：

（1）设计施工期

项目成本。

（2）运营期

税金和规费等；

运营维护业务委托费；

股本分红。

式（11.1）中项目的资金流入为计算项目投资效率的指标，这里的投资是指设计施工期的股本资金。同样，式（11.1）中项目的资金流出表示投资回报,即运营期的股本分红等。

如式(11.1)所示,项目的净现值随着折现率的变化而变化。使用现金流贴现法并根据式(11.1)计算,使项目净现值为0(即项目的资金流入的现值等于资金流出的现值)的折现率,该折现率被称为项目内部收益率,表示该项目投资能够实现的回报率[10]。项目内部收益率与银行存款利率有相似之处,但存款利率是随着时间推移必然产生的货币时间价值,而项目内部收益率并不意味着随着时间推移一定会发生。

2. 项目内部收益率与资本金内部收益率之间的关系及项目融资的杠杆效应

如上所述,项目内部收益率是衡量项目回报的指标,而资本金内部收益率则是衡量社会资本方投资回报的指标。以项目X为例,通过项目投资回报率(Return on Investment,ROI)与股本回报率(Return on Equity,ROE)两个指标具体阐述项目内部收益率与资本金内部收益率之间的关系。其中,项目投资回报率表示对项目整体投资的回报比率,相当于项目内部收益率,而股本回报率则表示对资本金投资的回报比率,相当于资本金内部回报率。为简化说明,暂不考虑折现率的存在。

项目X:投资100亿日元,1年后获得110亿日元的项目收益(不考虑税金及其他交易成本)。

假设项目X存在两种投资方式:

投资方式1:100亿日元全部为股本投入;

投资方式2:20亿日元为股本投入,80亿日元为银行贷款,贷款利率为9%。

若采用投资方式1,项目投资全部为股本投入。由于项目利润为10亿日元,项目投资回报率与股本回报率均为

第 11 章 采用项目融资的理由

$10/100 \times 100\% = 10\%$,即

$$ROE=ROI=10\%$$

因此,如图 11.1 所示,在项目投资全部为资本金时,衡量项目回报指标的项目投资回报率与衡量资本金回报指标的股本回报率相同。

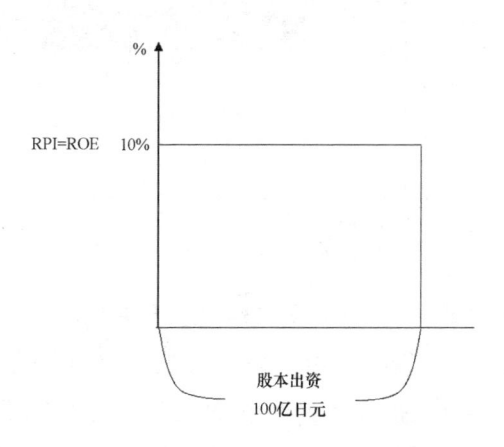

图 11.1 全部股本投资下的 ROI 与 ROE

若采用投资方式 2,总投资 100 亿日元中,20 亿日元为股本投入,剩下 80 亿日元为银行贷款。由于项目利润为 10 亿日元,项目投资回报率 ROI 为 10%,与投资方式 1 相同。这意味着出资形式的不同(资本金或贷款)并不会对项目投资回报率产生影响。该结果同时也符合著名的 MM 定理,即没有税收等情况下,资本结构对公司或项目价值不产生影响。

股本回报率 ROE 是指投入股本金 20 亿日元的投资回报率。由于银行贷款为 80 亿日元,利率为 9%,因此在项目利润的 10 亿日元中需偿还贷款利息 $80 \times 9\% = 7.2$ 亿日元。于是项目利润中剩下的 2.8 亿日元为股本投资利润。因此,如图 11.2 所示,在投资方式 2 中,

项目投资回报率 ROI = 10%，股本回报率 ROE = 2.8/20 = 14%。

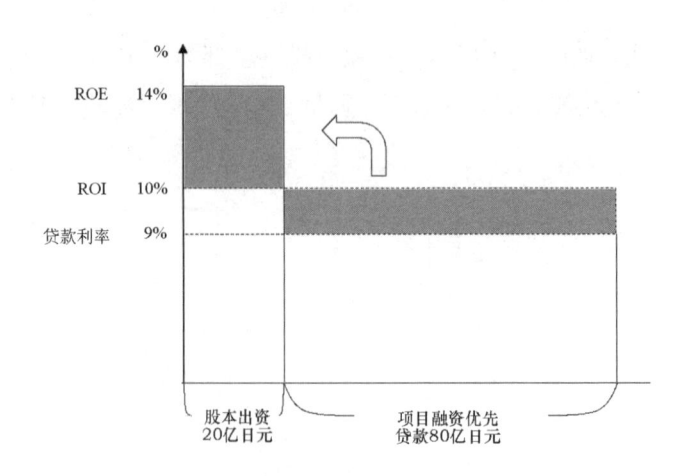

图 11.2　项目融资情形下的 ROI 与 ROE

在项目融资情形下，社会资本方的利润由 10 亿日元减少为 2.8 亿日元，但同时投入资本金由 100 亿日元减为 20 亿日元，最终股本回报率由 10% 增加为 14%。换言之，若项目投资回报率相同，社会资本方将 100 亿日元自有资金分别投入 5 个项目中，会比全部投入 1 个项目中获得更高的收益。

上述结果表明，对社会资本方而言，使用项目融资能够提高资本金内部收益率，这便是杠杆效应。

公司融资是否也能够实现杠杆效应？资源·基础设施 PPP 项目以项目公司的存在为前提，而公司融资以借款人的信用等级为基础，仅以项目公司的信用等级（通常低于社会资本方）通过公司融资向银行贷款并不具有实操性。因此，以项目公司为借款人，社会资本方为担保人是通过公司融资筹集资源·基础设施 PPP 项目资金的唯一途径。若社会资本方具有较高的信用等级，公司融资具有可行性。此时，项目公司的资产负债表在形式上与投资方式 2 相同，表面上

第 11 章 采用项目融资的理由

看公司融资也存在杠杆效应。但在以社会资本方作为担保人的公司融资中,优先债权人根据社会资本方的信用等级决定是否融资,因此,本质上与优先债权人直接向社会资本方贷款,然后由社会资本方向项目公司出资并无财务上的区别。即公司融资中社会资本方利用其信誉筹集全部项目资金,与投资方式 1 完全相同。因此,通过公司融资筹集资源·基础设施 PPP 项目资金时并不存在杠杆效应,如图 11.3 所示。

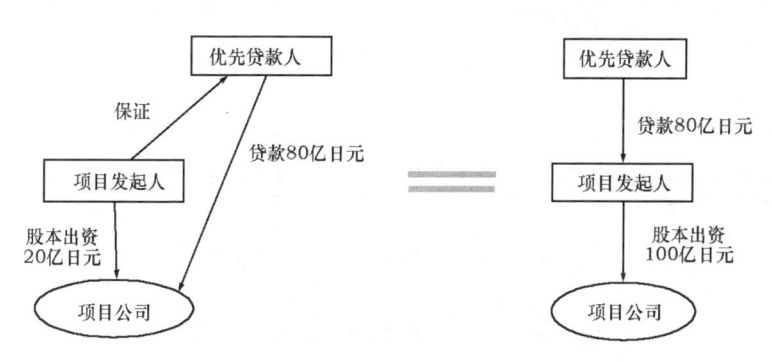

图 11.3 公司融资下社会资本方信誉视角下的关系

3. 社会资本方的最终财务收益

社会资本方在投入项目资本金时,往往也需要筹集资金,并承担相关融资成本。因此,社会资本方的最终财务收益指标应是资本金内部收益率扣除掉贷款利率之后的收益率,如式 11.2 所示。

$$社会资本方的最终财务收益指标 = X - Y \tag{11.2}$$

X = 资本金内部收益率
Y = 资本金融资成本(实际融资利率或内部基准利率)

图 11.4 描述了社会资本方与项目公司的资产负债表中的 X 与 Y 的关系。

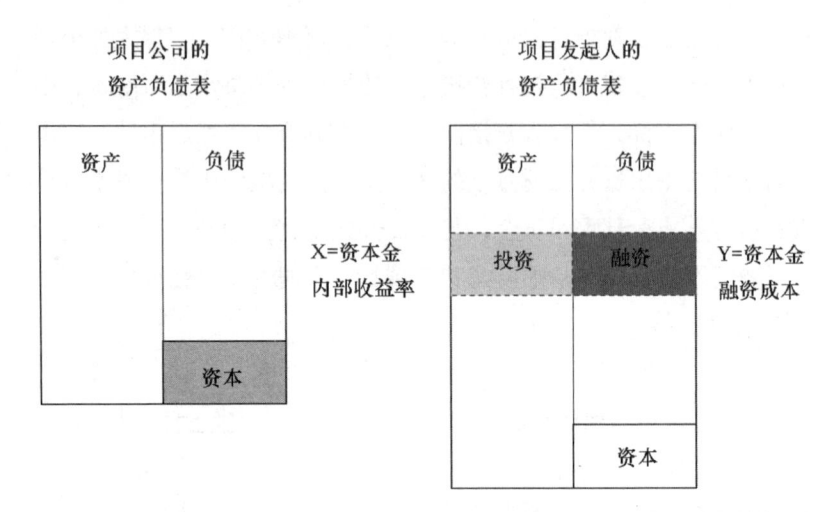

注：X与Y分别表示资产负债表中资本（资产）的收益率和资本金的融资利率，并不表示实际金额。

图 11.4　社会资本方的最终收益

11.2.2　社会资本方债务的有限法律责任及资产负债表外债务

项目融资的杠杆效应能够提升社会资本方的资本金内部收益率的另外一个理由是，社会资本方在项目融资中除了承担社会资本方支持协议中规定的法律责任外，对项目相关债务原则上并不承担法律责任。因此，社会资本方可以通过资产负债表外债务减轻其债务负担。

首先，由于项目融资中的借款人为项目公司而不是社会资本方，项目的债务全部被记载于项目公司的资产负债表中的负债部分。其次，社会资本方除了承担完工担保义务（详见 14.1.3），并不对项目债务提供担保，因此在社会资本方的资产负债表中并没有记载任何担保。根据上述理由，社会资本方可以利用资产负债表外债务对

第 11 章　采用项目融资的理由

项目进行投资，但要留意如下两点。

第一，社会资本方除了完工担保以外并不为项目融资债务提供法律担保。但社会资本方需对优先债权人承担众多项目支持义务。如 3.2.2 中所述，这些支持义务被详细规定在社会资本方支持协议中。若这些支持义务实质上等同于担保，则需要从会计的视角确认是否应在社会资本方的资产负债表中注明这些担保。例如，项目融资实践中，若社会资本方对优先债权人承担如下义务，即为项目公司无限提供用于项目完工的资金，则意味着与完工担保产生同样的经济效果（详见 14.1.3）。似乎正是因为社会资本方利用了资产负债表外债务，且资产负债表中并没有记载该担保，所以采取了上述形式的完工担保。然而若项目公司破产，社会资本方投入的股本资金已无法偿还项目融资中的贷款。因此，为确保社会资本方承担与完工担保同样的财务义务，需要明确规定社会资本方在项目公司破产后需直接向优先债权人承担支付义务。此时，应从会计的视角慎重考虑是否应在社会资本方的资产负债表中注明该完工担保。

第二，项目融资的债务是否应该被视为合并资产负债表外债务是需要考虑的问题。如 8.2 所述，根据所有者兼运营商的原则，社会资本方必然是项目公司的大股东。于是，项目公司是社会资本方的子公司，项目融资的债务则有可能被记载于社会资本方的合并资产负债表中。然而，这种做法可能会极大地减少社会资本方利用项目融资获得的收益。若项目融资中项目公司的债务作为负债被记载于合并资产负债表中，考虑到社会资本方的信用等级问题，社会资本方应向信用等级评估公司解释清楚该负债为项目融资中的债务，信用等级评估公司在评价社会资本方信用等级时可能会进行酌情考虑。

11.3 优先债权人在项目融资中的收益

对优先债权人而言,项目融资的收益主要体现为通过合理承担风险获取较高的收益。通常项目融资贷款利率远远超出公司融资的贷款利率。这意味着与公司融资相比,项目融资中的优先债权人要承担更大的风险,因此获得更高的收益。这也是项目融资中的优先贷款有时被认为高风险高收益或中风险中受益的原因。然而,项目融资中的优先贷款毕竟是贷款而不是股本投资。因此,即使优先债权人在项目融资中比公司融资承担更大的风险,也仍需考虑回收债务的可能性。若无法回收债务的风险较大,项目融资也不会成立。在此意义上,项目融资贷款的风险要小于项目股本投资无法回收或获得10倍收益的高风险。

11.4 项目融资的局限性和劣势——社会资本方的视角

对社会资本方而言,项目融资的局限性和劣势主要包括如下五点。

11.4.1 能够利用项目融资的项目有限

如5.1中所述,项目融资的对象为以BOT形式为主体的资源·基础设施PPP项目。PPP项目以运营为主体,其成功与否取决于运营好坏。因此,除了BLT项目,不以运营为主体的资源·基础设施PPP项目并不是项目融资的对象。对社会资本方而言,这是项目融资的局限性之一。

通常,社会资本方不会参与财务收益较低的项目,但也不排除一些其他原因导致社会资本方参与一些财务收益不高的项目。然而,

第 11 章 采用项目融资的理由

对优先债权人而言,项目融资贷款是以一定程度的项目财务收益性为前提的。因此,财务收益较低的项目获得项目融资的可能性也较低。

11.4.2 能够利用项目融资的社会资本方数量有限

不是所有的社会资本方都能获得项目融资贷款。如 11.1 所述,基于东道国政府/承购方的立场,资源·基础设施 PPP 项目要求社会资本方兼运营维护商具有较强的项目实施能力。这同时也是项目融资视角下的基本要求。例如,具有 AAA 信用等级的汽车生产企业是某 IPP 项目的社会资本方,但若该汽车生产企业不具有实施该 IPP 项目的能力,作为社会资本方的该汽车生产企业将不会获得项目融资贷款。

由于项目融资成立与否取决于社会资本方的项目实施能力高低,该社会资本方在项目实施期间持续存在至关重要。事实上,对于长达 20 年的资源·基础设施 PPP 项目,无法保证社会资本方在 20 年的项目实施期间持续存在。因此,要求社会资本方具有极高的信用等级不具有现实意义。即便如此,仍需要社会资本方在 20 年的项目实施期间具有一定的持续存在能力,因此不具有一定程度信用等级的社会资本方仍然无法获得项目融资贷款。

可能会有人认为,由于社会资本方的信誉问题无法获得公司融资贷款的,可以利用项目融资进行贷款。但在项目融资中,社会资本方的信誉仍然非常重要,因此这种主张并没有真正理解项目融资的本质。

11.4.3 技术使用的局限性

如 8.7.3 所述,社会资本方为向优先债权人证明其具有使项目成功的能力，需向优先债权人展现该项目中拟采用的技术是在其他项目中已经获得成功的成熟技术。一些社会资本方可能希望在资源·基础设施 PPP 项目中使用创新技术，但由于该技术不是成熟技术，第三方无法判断该技术是否能够确保项目成功。这意味着，若社会资本方使用的技术不是成熟技术，将无法获得项目融资贷款。这也是项目融资的局限性之一。

11.4.4 项目融资相关成本及时间

项目融资中，优先债权人需对资源·基础设施 PPP 项目的财务收益进行分析和评价。而且，优先债权人还对该项目中存在的各种各样的风险进行分析和评价。不同的资源·基础设施 PPP 项目中存在不同的风险问题，因此，项目融资无法实现"商品化"，而是如第 1 章所述，需要根据不同项目进行"量身定做"。

在分析评价过程中，技术咨询专家、财务会计咨询专家、环境问题咨询专家及保险咨询专家等分别为优先债权人提供咨询意见，并最终形成咨询报告。因此，项目融资需要支付较高的咨询成本。而且，项目融资通常是银团贷款，牵头行的手续业务复杂，与公司融资相比需要花费更多的银行贷款手续费(Arrangement Fee)。此外，为应付复杂的合同和法律问题，项目融资还需要支付高额的律师咨询费。在一些项目中，这些咨询费、手续费等有时会高达千万美元。

除此之外，上述分析评价需要花费大量时间。从社会资本方开始与金融机构协商项目融资的可能性到签订项目融资贷款合同，有时可能会超过 1 年时间。

综上，与公司融资相比，项目融资需要花费更多的时间与成本。因此，基于对时间与成本的考虑，一般认为不到 1 亿美元规模的资源·基础设施 PPP 项目很难通过项目融资筹措资金。而且，如 11.3

中所述，项目融资贷款利率要高于公司融资贷款利率，这也意味着社会资本方需要承担较高的借款成本。

考虑到项目融资的相关成本，社会资本方需要与11.2中所述的财务收益进行比较，决定是否选择项目融资贷款。只有项目融资带来的财务收益大于相关成本，社会资本方才会选择通过项目融资筹集资金。

11.4.5 优先债权人对项目公司绩效的控制

项目融资的成败取决于社会资本方的项目实施能力高低，因此，优先债权人不应对社会资本方的项目实施进行过度制约。然而，由于优先债权人在项目融资中承担项目风险，对项目的现金流产生实质性负面影响（因此对项目融资的债务回收产生实质性负面影响）的事件的决策应取得优先债权人的同意。优先债权人对项目公司决策的制约应仅限于上述程度。例如，运营维护成本增加时，若任由项目公司提高运营维护业务费，会对项目债务回收产生实质性负面影响，那么需要对此设置一定的制约。在实务操作中，在一定区间内成本或支付额度的增加可能需要参考第三方独立咨询机构的意见。

11.5 项目融资的局限性——优先债权人的视角

并不是所有的金融机构都能够提供项目融资贷款。由于需要承担项目风险，优先债权人应具备判断是否具有承担该项目风险的能力。优先债权人在项目融资中承担的项目风险与在公司融资中承担的信用风险存在本质上的不同。资源·基础设施PPP项目类别不同，项目风险也随之不同。即使是同一类别的资源·基础设施PPP项目，不同项目的风险也存在显著不同。例如，典型项目1的海底油田开发项目与典型项目2的IPP项目虽然同为能源开发PPP项目，但存在着不同的项目风险。因此，金融机构通常会设置项目融资部门，并擅长于某一专门领域的项目融资业务。而且，优先债权人还需要在组织内部设置和完善审查项目风险的机制。换言之，不是所有的金融机构都能够为任一领域的资源·基础设施PPP项目提供项目融资贷款。一方面，这意味着为某一资源·基础设施PPP项目提供项目融资贷款的金融机构在某种意义上在该项目领域相比其他金融机构具有一定优势，因此该金融机构在该项目领域具有较高的声誉。另一方面，也意味着不是所有金融机构都能提供项目融资贷款，这也是对金融机构而言项目融资的局限性。

相反，若不具备项目风险评价能力的金融机构为项目融资提供贷款，则存在为可持续性较差的项目提供项目融资的风险，最终该风险会导致东道国民众的损失。

11.6 项目融资的优势和局限性——东道国政府的视角

东道国政府不是项目融资的项目直接参与主体，因此无法直接从项目融资中获得直接收益。但东道国政府／承购方可以间接地获得收益，该收益主要表现在如下五方面。

11.6.1 物有所值的增加

如11.2.1中所述，项目融资可以提高社会资本方的资本金内部收益率。设想若社会资本方将增加的收益转移给东道国政府／承购方会发生什么。当然，社会资本方将失去该部分的资本金内部收益

第 11 章　采用项目融资的理由

率,但由于该收益被转移给东道国政府/承购方,项目公司为东道国政府/承购方提供的产品/服务价格会相应降低,因此导致物有所值的增加。这意味着东道国政府从项目融资中间接地获得了收益。

但东道国政府/承购方无法强制社会资本方向其转移增加的收益。东道国政府/承购方能做的仅是通过招标审查社会资本方在投标文件中提交的产品/服务价格。社会资本方能否将其增加的收益转移给东道国政府/承购方或转移程度最终取决于竞争招标的市场机制,其中决定要素包括:(a)社会资本方是否能够接受该项目的资本金内部收益率;(b)优先债权人是否能够接受该项目的预期财务收益(若该项目是可用性付费型项目,东道国政府支付价格的降低意味着项目财务收益的降低)。这意味着在实务操作中,东道国政府/承购方能否有效地实施招标,选择社会资本方至关重要。

11.6.2　资源・基础设施 PPP 项目的甄别功能

东道国政府计划实施的众多资源・基础设施 PPP 项目中可能包括财务收益较低的或无法为东道国政府/承购方及民众带来收益的项目。财务收益低的项目存在项目失败的风险,但由于资源・基础设施 PPP 项目本质上具有较大的公共性,东道国政府/承购方应尽可能避免项目失败的发生。对于财务收益较低的项目,不应采用社会资本投资的形式,而应由东道国政府/承购方负责该项目的实施。相反,即使项目的财务收益较高,也可能是对东道国政府/承购方及民众无益的(或者带来过度负担)的项目。对于那些无法为东道国民众带来收益并获得民众支持的,即可持续性较差的项目,无论其财务收益多高,都会存在东道国政府/承购方不按照项目合同进行支付的风险。

优先债权人同样也不会为财务收益低或可持续性差的项目提供

项目融资贷款。反言之，项目融资成立的资源·基础设施PPP项目通常意味着该项目具有较高的财务收益或具有较高的公共性。

11.6.3 社会资本方的甄别功能

资源·基础设施PPP项目的成败取决于社会资本方项目实施能力的高低。因此，东道国政府/承购方在选择社会资本方的招标过程中应对社会资本方的项目实施能力进行审查。从项目融资的视角，优先债权人同样也会对社会资本方的项目实施能力进行审查。这是因为若资源·基础设施PPP项目陷入困境，项目融资贷款将很难得到偿还。只有项目实施能力较强的社会资本方才有可能获得项目融资贷款，这便是项目融资对社会资本方的甄别功能，这种甄别功能有助于资源·基础设施PPP项目的成功。

11.6.4 资源·基础设施PPP项目的监督功能

优先债权人在缔结项目融资贷款合同之前，需对项目进行审查，对项目各方面进行分析和评价（详见12.3）。而且，优先债权人在实施项目融资贷款之后，对该项目是否按照计划实施，没有按计划实施的原因及解决措施等进行监督（详见12.4）。优先债权人对资源·基础设施PPP项目的监督对象不仅限于项目公司财务事项，还包括项目实施过程中的技术事项。

尽管东道国政府/承购方在项目合同签订后也会对资源·基础设施PPP项目是否按计划实施进行监督，但优先债权人对项目的监督起到了双重确认作用，在此意义上，优先债权人的监督对资源·基础设施PPP项目的有效实施起到了重要作用。

第 11 章 采用项目融资的理由

11.6.5 资源·基础设施 PPP 项目的重建功能

项目公司由于自身原因无法依据项目合同继续实施项目（即项目公司由于自身的原因无法履行项目合同义务）时，东道国政府应该如何应对？首先，因为该项目合同的对象——产品或服务——具有较高的公共性，所以至少在该项目合同期内应继续提供该产品或服务。因此，东道国政府/承购方的最终应对措施，是以由于项目公司的原因导致违反项目合同义务为由解除与项目公司之间的项目合同（详见 14.5.2），然后选择新的社会资本方，并和新的社会资本方成立的项目公司签订新的项目合同。在解除原有项目合同时，东道国政府/承购方需回购资源·基础设施 PPP 项目设施，并再度将该设施移交给新社会资本方成立的项目公司，这一过程需要花费相当多的时间和成本。

在项目融资中，优先债权人拥有介入（Step-in）权，其中包括更替社会资本方的权利（详见 14.5.2）。由于资源·基础设施 PPP 项目的成败取决于社会资本方的项目实施能力，若项目公司由于自身原因导致无法履行项目合同义务，则意味着该社会资本方不具备当初预期的项目实施能力。因此，为重建该项目，需要将社会资本方更换为具有项目实施能力的企业。这种由优先债权人主导的更换社会资本方的权利被定义在介入权中。

对东道国政府/承购方而言，可能会因不了解由优先债权人主导更换的社会资本方而担心新社会资本方的能力。但优先债权人不是随便选择新社会资本方的，若新社会资本方无法重建项目，则意味着优先债权人无法回收项目融资贷款。因此，优先债权人一定会选择项目实施能力强的社会资本方，只有这样才能确保项目融资贷款的偿还。这意味着东道国政府/承购方与优先债权人在此利益上是一致的。对东道国政府/承购方而言，通过项目融资中的优先债权人主导重建项目可以避免承担解约花费的时间和成本，对新社会资本方的相关制约规定被记载于直接协议中（详见14.5.2）。

综上，东道国政府能够从项目融资中间接获得众多收益。然而，需要指出的是，项目融资各项功能的实现并不是因为优先债权人出于公共目的的考虑。优先债权人的最终目的是确保项目融资贷款得到偿还，这意味着上述功能的实现实际上是市场自由竞争原理导致的结果，其给东道国民众带来的收益只不过是竞争原理的次生效应。此外，并不是所有的项目融资都具备上述功能。如11.5中所述，只有具备项目融资专业知识和经验的金融机构参与的项目融资才能发挥上述功能，而提供项目融资贷款的优先债权人并不一定都具有上述能力。

第 12 章 项目融资的本质

12.1 依赖于社会资本方的项目实施能力

如 8.1 中所述,项目融资的对象——资源·基础设施 PPP 项目——以运营为主体,其成败取决于社会资本方兼运营维护商的项目实施能力和管理能力。这意味着采用项目融资的资源·基础设施 PPP 项目的现金流变化取决于社会资本方的项目实施能力。而且,由于社会资本方兼运营维护商的持续存在是项目成功的必要条件,因此需要社会资本方具有一定的信用等级。

同样的,项目融资的成败也取决于社会资本方的项目实施能力。项目融资不需要社会资本方提供担保的原因在于社会资本方具有较强的项目实施能力,从而可以确保项目产生能够偿还项目贷款的现金流。

社会资本方通过实施资源·基础设施 PPP 项目获得投资回报,但在项目融资中存在现金流瀑布机制(详见 13.2),规定社会资本方需在偿还项目融资贷款本金和利息后才能获得投资回报。

12.2 长期项目融资

金融机构贷款具有银行业特有的"深口袋"特点。若企业通过发行债券筹集资金,一旦发生违约事件,债券被提前赎回的可能性较大。但若通过金融机构贷款,即使发生了违约事件,金融机构也不是立即启动债务加速到期条款,而是在综合分析违约事件的性质及债务人的具体状况后决定是否立即回收债务。换言之,除非判断无法回收贷款,否则金融机构将在可接受的范围内试图救济债务人。因此,企业债券中对引发债务加速到期的违约事件的规定相对严格,而在贷款中对引发债务加速到期的违约事件的规定较为宽松[1]。

在项目融资中,"深口袋"特点显得更为重要。项目融资的贷款时间通常为10年以上,在此期间,需要优先债权人和社会资本方共同协商应对融资项目中出现的诸多问题。从财务视角看,这意味着项目融资的本质在于优先债权人提供长期融资以支持项目公司的长期运营。

笔者曾参与解决过项目融资运营阶段出现的诸多问题,得到的教训是在任何情况下都需要冷静地分析和处理问题。特别是事前在合同中明确规定如法律变更等典型事件发生时的风险分担事宜尤为重要。笔者也接触过一些项目在合同中规定10年后可能发生的问题及其相关风险的分担问题。特别是在20年的项目期内必然会发生诸如环境问题相关的法律变更,即使在合同中规定问题发生时通过协商解决,但实际上却往往很难得到有效解决。上述观点可能不符合合同主体在签约时的想法,但如果不考虑上述问题及相关风险分担事宜,事前不采取适当的措施解决潜在的问题,资源·基础设施PPP项目不可能得到有效的实施。而上述很多问题均可以基于资源·基础设施PPP项目及项目融资的基本理论得到有效解决。

---

[1] "深口袋"还表现为若企业无法根据信誉在债券市场筹集资金,可以通过银行贷款筹集资金。

第 12 章 项目融资的本质

12.3 优先债权人对项目的审查

无论是基于优先债权人还是社会资本方的视角，资源·基础设施 PPP 项目的成败都取决于项目产生的现金流。这意味着优先债权人在审查资源·基础设施 PPP 项目决定是否提供项目融资贷款时，除了对社会资本方进行审查以外，审查对象与社会资本方审查该资源·基础设施 PPP 项目，判断是否投资该项目时的审查事项基本相同。此外，如 11.6.2 和 11.6.3 中所述，该审查起到了甄别资源·基础设施 PPP 项目及社会资本方的作用，同时也给东道国政府/承购方带来了收益。

优先债权人在决定是否为资源·基础设施 PPP 项目提供项目融资时，主要包括如下审查事项。

12.3.1 社会资本方的项目实施能力、信用等级及项目使用技术

由于项目融资依赖于社会资本方的项目实施能力，所以对社会资本方的项目实施能力的审查尤为重要。同时，社会资本方的信用等级也是非常重要的审查对象。如 8.7.1 中所述，项目实施能力不仅包括对项目的运营与维护管理能力，也包括对项目进行综合管理的能力。

对于社会资本方在资源·基础设施 PPP 项目中使用的运营及维护管理相关技术，则需要从是否能确保该项目财务收益的视角进行审查。

需要指出的是，优先债权人是金融机构，并不是资源·基础设施 PPP 项目的专家。因此，如 2.7 中所述，优先债权人需依据第三方咨询机构的建议对社会资本方的项目实施能力及技术进行审查。

若多个社会资本方组成联合体,优先债权人还需审查这些社会资本方的分工是否能够保证他们有效合作。

此外,如 8.7.6 中所述,社会资本方在该资源·基础设施 PPP 项目中使用的技术是否为成熟技术,在同类或类似项目中的成功或失败经历也是重要的审查对象。

12.3.2 资源·基础设施 PPP 项目的经济效率(财务收益)

根据社会资本方制定的项目计划书,优先债权人需对项目的财务收益进行审查。社会资本方参与和实施该项目的主要动机是能够从资源·基础设施 PPP 项目中获得充分的收益。优先债权人需构建项目现金流模型,进行敏感性分析,分析在现金流模型的前提条件发生变化时社会资本方是否还能获得一定的项目收益。

此外,优先债权人还通过敏感性分析对 DSCR、负贷偿债能力比率(Loan Life Coverage Ratio,LLCR)等指标(详见 13.3.3)进行评价和判断,目的是尽可能降低使项目融资无法得到偿还的风险。基于上述考虑,优先债权人将针对债务股本比(详见 13.1)与社会资本方进行协商。

12.3.3 资源·基础设施 PPP 项目中存在的各种风险

优先债权人和社会资本方都需要识别市场风险、土地获取风险、完工风险、运营风险、法律变更风险、不可抗力风险及政治风险等资源·基础设施 PPP 项目中可能存在的风险,并对这些风险进行分析。优先债权人还特别需要考虑如下方面:东道国政府/承购方是否适当地承担了上述风险,优先债权人是否能够承担由社会资本方承担的风险。若东道国政府/承购方没有适当地承担风险或者优先债权人无法承担由社会资本方承担的风险,需考虑是否要有一些保

第12章　项目融资的本质

障措施，特别是社会资本方担保措施，从而减小优先债权人承担的风险。如9.1.1中所述，根据资源·基础设施PPP项目风险分担的基本原则，社会资本方承担的风险包括运营风险、完工风险、资金筹集风险及承担市场风险型项目中的市场风险，其他的风险应由东道国政府/承购方承担。因此，优先债权人可能承担的风险基本上包括运营风险、完工风险、资金筹集风险及承担市场风险型项目中的市场风险。以下具体阐述完工风险及承担市场风险型项目中的市场风险。

（1）完工风险

如8.8.1中所述，项目的完工包括物理/机械完工、操作完工及财务完工三种类别。项目融资需重点考虑财务完工问题，关于财务完工风险将在14.1中阐述。本章只对操作完工风险进行说明。

如9.1.3中所述，在EPC合同中，项目公司将项目操作完工（从即日起可以开始运营）之前的全部业务发包给EPC承包商，根据8.6中所述的责任单一性原则，由EPC承包商承担项目完工风险。因此，优先债权人不仅需要审查EPC承包商是否具有项目操作完工的能力，而且还需从项目运营视角审查EPC承包商在项目施工过程中使用的技术是否合理。

与审查社会资本方的项目实施能力及项目技术相同，优先债权人需要根据第三方咨询机构的建议对EPC承包商的项目操作完工能力及施工技术进行审查，此时也需要考虑该施工技术是否为成熟技术及EPC承包商在同类或类似项目中成功或失败的经历。

在社会资本方提供完工担保情形下，优先债权人对完工风险的审查事项将在14.1.3中详述。

（2）市场风险

如8.9中所述，资源·基础设施PPP项目可分为承担市场风险型和可用性付费型两种类型，其中，如9.1.1中所述，一般认为承担市场风险型的资源·基础设施PPP项目实施难度较大。

在承担市场风险型资源·基础设施PPP项目中，市场风险被包含在运营风险中。市场风险的发生原因一般很难界定，如不可抗力导致的产品或服务的销售风险也由私营企业承担。这意味着项目公司需承担非自身原因导致的市场风险。

对于承担市场风险型资源·基础设施PPP项目的社会资本方而言，若无法判断产品或服务能否销售出去则不会参与该资源·基础设施PPP项目。这是因为若无法销售该资源·基础设施PPP项目生产的产品或服务，社会资本方就无法回收对该项目的巨额投资。

资源·基础设施PPP项目不是投机性的投资对象。一方面，资源·基础设施PPP项目公共性较高，对东道国政府/承购方而言应尽量避免项目中途终止情形的发生。另一方面，对优先债权人而言，为承担市场风险型资源·基础设施PPP项目提供项目融资意味着其同样承担着市场风险，即当产品或服务无法销售出去，优先债权人需承担无法回收全部或部分债务的风险。这同时也意味着若承担市场风险型资源·基础设施PPP项目的社会资本方没有同类或类似项目的成功经验将很难获得项目融资贷款。项目融资本质上是以偿还为前提的金融贷款，并不是投机性的投资。

12.3.4 作为项目融资对象的资源·基础设施PPP项目的可持续性

如8.7.2中所述，若项目融资对象的资源·基础设施PPP项目的可持续性较低，无论项目合同如何规定，对社会资本方而言，该项目都是失败可能性较大的高风险项目。不仅社会资本方，优先债权人同样需重点关注东道国政府宏观经济体制，确认项目需求及相关基

第 12 章　项目融资的本质

础设施的完备状况，关注该项目的财务收益、在未来经济发展中的合法性、政治背景及环境问题等因素，对合同中隐藏的风险进行审查[8]。

例如，社会资本方可通过某IPP项目获得较高收益。若向周边大城市传输该IPP项目供给电能的电网基础设施尚未完善，民众便无法使用该IPP项目供给的电能，因此可能产生民众不支持该IPP项目的风险。

由于项目融资需要审查和分析各种事项，若资源·基础设施PPP项目业务内容在实施过程中出现变更，事前审查和分析的前提条件不再成立。因此，资源·基础设施PPP项目实施期内项目业务内容始终保持不变是项目融资的前提条件。

此外，如8.12中所述，与社会资本方决定是否投资资源·基础设施PPP项目类似，优先债权人在项目融资中也需要审查和分析众多事项，以决定是否提供项目融资贷款。这意味着是否提供项目融资贷款是一个自下而上的决策过程。相反，若事前没有经过审查和分析就决定提供项目融资，则项目融资失败的可能性较大，在实际操作中也确实存在众多失败案例。

12.4　优先债权人对项目的监督

如12.3中所述，优先债权人需在缔结项目融资贷款合同之前对项目进行审查，分析和评价各种相关事项。同样，在公司融资的情形下，贷款人在缔结公司融资贷款合同前也需审查借款人的信用等级。虽然审查内容有所不同，但项目融资和公司融资的审查都需要在事前进行。

贷款人在实施公司融资贷款后，需对借款人的信用等级进行监督。具体而言，贷款人会审查借款人的财务报表，若该贷款被使用在特定项目中，则还需要审查该项目的进展状况。而且，在公司融资的贷款合同中，通常包括财务约定事项（Financial Covenants）规定借款人的资本金和利润金额维持在一定水平，并在合同层面上进行监督。设置该财务约定事项的主要目的是在借款人违反该财务约定事项时激励借款人努力恢复公司业绩，只有当贷款人判断借款人不具备恢复公司业绩的能力时，贷款人才会以违反财务约定事项为由启动债务加速到期条款。

同样，在项目融资中，优先债权人在实施项目融资贷款后，会对借款人及项目进行监督。优先债权人会监督该项目是否按计划执行，若未按计划执行也要对其原因及解决措施进行监督。而且监督对象并不局限于项目公司的财务状况，还包括项目实施的技术状况。由于项目融资依赖于社会资本方的项目实施能力，社会资本方的财务状况同样也是优先债权人监督的对象。若项目出现问题，在判断社会资本方无法重建项目之前，优先债权人会尽各种努力在自身能力范围内帮助社会资本方恢复项目收益。这正体现了12.2中所述的"深口袋"属性。同时，这也意味着只有专业金融机构才能为资源·基础设施PPP项目提供项目融资[1]。

若没有第三方咨询机构的帮助，优先债权人将无法对技术事宜进行监督。在此意义上，经验丰富的第三方咨询机构的参与不仅对项目融资中的优先债权人至关重要，而且可以间接地为东道国政府/承购方带来效益。

---

[1] 资源·基础设施PPP项目有时会通过发行项目债权筹集资金。虽然不能从成本收益比的视角认为项目债权不可行，但需要慎重考虑什么样的资源·基础设施PPP项目可以通过发行项目债权筹集资金。特别需要留意债权不具备银行"深口袋"的属性。此外，尽管几年来基础设施基金引起了众多关注，但仍需对资源·基础设施PPP项目中基金的作用进行充分探讨。

第 12 章　项目融资的本质

日本的 PFI 项目中，虽然优先债权人和东道国政府 / 承购方均对项目实施技术及项目公司的财务状况进行监督，但很少对社会资本方的财务状况进行监督。这意味着在这一点上日本的 PFI 项目操作模式尚需进一步探讨。特别是日本的 PFI 项目风险中除了政府承担的部分之外，剩余的风险全部由社会资本方或者受项目公司委托的承包商承担，而项目公司基本上不承担任何风险。这意味着即使项目出现问题，该问题也不会反映在项目公司的财务状况中，因此便失去了预先确定问题发生与否的判断材料。例如，日本的一个 PFI 项目中，社会资本方承担着项目的特定风险，但由于无法事前对项目发生的问题进行预判和处理，直到社会资本方破产，各种问题才浮出表面，失去了解决问题的最佳时机，最终导致项目破产。

第13章 项目融资的特征

如12章所述,项目融资的本质在于它是取决于社会资本方的项目实施能力的长期融资,在项目融资中优先债权人需承担运营风险。

13.1 债务股本比

13.1.1 债务股本比的含义

如12.2中所述,项目融资本质上是一种长期项目贷款,项目融资中优先贷款(债务)的资金用途为支付资源·基础设施PPP项目成本。因此,在采用项目融资情形下,支付项目成本的资金来源是股本资金和优先贷款资金。这里需要考虑如何设置债务和股本的比率问题,债务和股本的比率被称为债务股本比。

如11.2.1中所述,由于项目融资存在杠杆效应,用于支付项目成本的项目资金中优先贷款比率越高,社会资本方的资本金内部收益率越高,对社会资本方越有利。然而,项目资金中优先贷款的比率越高,DSCR中的分母值越大(此时分子值不变),导致DSCR变小,对优先债权人不利(详见13.3.3)。而且,若社会资本方出资比率较低,那么社会资本方放弃该项目对其影响也不大,则可能

第 13 章 项目融资的特征

产生社会资本方的道德风险问题。因此，项目融资中需要社会资本方负担一定比例的资金。最终债务股本比需要社会资本方和优先债权人根据双方都能满意的资本金内部收益率和 DSCR 进行协商决定。反而言之，若不存在令双方满意的资本金内部收益率和 DSCR，则意味着该资源·基础设施 PPP 项目并不具有良好的财务收益。

债务股本比的具体比率取决于资源·基础设施 PPP 项目属性及项目所在国的情况。笔者认为，对于 IPP 项目，债务股本比介于 7∶3 至 7.5∶2.5 的区间。

13.1.2 债务股本比的维持时间

债务股本比表示用于支付项目成本的资金中债务和资本金的比率，在支付项目成本的项目设计施工期内维持债务股本比至关重要。这是因为在项目设计施工期内，优先债权人与社会资本方根据债务股本比承担相应的项目风险。因此，优先债权人和社会资本方需严格按照债务股本比分别提供优先贷款和股本金（必须维持债务股本比）。在实际操作中，优先债权人会要求社会资本方根据债务股本比在优先贷款到位之前提供相应的股本金。

13.1.3 最后出资

对社会资本方而言，尽可能拖后股本金投入时间可以降低项目公司的现金流流入项的现值，提高资本金内部收益率。而对于优先债权人而言，若社会资本方提供完工担保，则优先债权人在项目设计施工期内不需承担项目风险。在此情形下，社会资本方实际上没有必要严格根据债务股本比提前支出相应的全额股本金。因此，在社会资本方提供完工担保的情形下，在成立项目公司时，社会资本方最初的股本投资只需满足公司法中规定的最小额度，然后获得优先贷款，最后投入剩下的股本资金（此方式可以提高资本金内部收益率，但由于社会资本方提供完工担保，此时的资本金内部收益率是否合理还有待进一步探讨）。这种最后投入股本资金的方式被称为最后出资（The Equity Last）。

在日本的项目融资中，通常要求社会资本方在优先贷款实施之前全额投入股本资金，这种做法被称为最先出资。然而，在项目融资实践操作中，除非项目成本发生时尚未缔结贷款合同，社会资本方需要提前支出股本资金，否则很难实现最先出资。

13.1.4　运营期间不维持债务股本比的合理性

优先债权人有时会要求社会资本方在偿还优先贷款的运营期内维持债务股本比中的出资比例。然而，这种做法往往是由于优先债权人将次级债与银行贷款相混淆导致的。

股本分红、股本偿还、支付次级债的利息及次级债的本金均是现金流从项目公司流入社会资本方的渠道（详见13.3.2）。对优先债权人而言最重要的是，根据现金流瀑布条款确定可以支付社会资本方的金额与社会资本方股本分红的条件。如果能够以此来确定支付给社会资本方的回报金额，则可以通过上述不同渠道进行支付。出于节税等考虑，项目公司可能会选择不同的支付渠道，但不应基于保护优先债权人利益的观点强制规定社会资本方应采用何种支付渠道。相反，即使在运营期内维持债务股本比，项目公司用于偿还优先贷款的资金并没有增加，因而并没有增加优先贷款得到完全偿还的可能性。

在运营期内维持债务股本比本质上是基于公司融资提出的观点，因此是否要求在运营期内保持债务股本比可以作为是否理解以现金流结构为基础的项目融资的试金石。

13.2 现金流瀑布条款

13.2.1 现金流瀑布条款的内容

优先贷款合同中通常设置现金流瀑布条款（Waterfall Provisions），主要目的是根据支付目的的不同将项目运营期内的现金流分成不同的银行账户，由优先债权人负责管理这些账户[①]。在现金流瀑布条款中，主要包括如下银行账户：

（1）运营期内支付给项目公司的收入账户；

（2）用于支付税金和规费、运营维护业务费等专设账户，由收入账户转入[②]；

（3）用于偿还项目融资贷款的专设账户，由收入账户转入；

（4）用于支付股本分红的预备账户，由收入账户转入；

（5）用于支付股本分红的专设账户，由用于支付股本分红的预备账户转入[③]。

如 11.2.1 中所述，运营期间项目公司支出的现金流用于支付税金和规费、运营维护业务费、项目融资优先贷款的本金和利息及股本/次级债的分红等。若项目公司支出的现金流总额不足以支付上述项目，那该如何确定优先等级？设置现金流瀑布条款的主要目的

[①] 理论上无法通过一个银行账户管理不同支付目的的现金流，现金流瀑布条款规定将不同支付目的的现金流汇入不同的账户，不仅便于管理而且易于理解。

[②] 有时候也会将税金支付和运营维护业务费支付分成不同的账户。

[③] 在实践中，有些项目还设置其他账户，如税金和规费预备费账户、大修准备金账户、优先贷款偿还预备费账户、运营维护成本预备费账户等。这些账户的存在能够以备不时之需，在实务操作中非常重要。但上述账户的存在与项目融资的基础理论没有直接联系，故本书不予以详细说明。

便是确定运营期项目公司支出的现金流的支付优先等级。

一般而言，支付优先等级如下：税金和规费、运营维护业务费、项目融资优先贷款的本金和利息，股本/次级债的分红。在现金流瀑布条款中，运营期内项目公司的收入账户中的现金收入按照税金和规费、运营维护业务费专设账户，偿还项目融资优先贷款的专设账户，用于支付股本分红的预备账户的顺序转入各种用途资金，并从上述账户支付税金和规费、运营维护业务费，项目融资优先贷款的本金和利息，股本/次级债的分红。对于股本/次级债的分红，准确的描述是资金由预备账户转入用于支付股本分红的专设账户，然后从后者支付给社会资本方。具体理由将在13.2.6中进行阐述。

以下说明按照上述优先等级进行支付的理由。

13.2.2 税金和规费、运营维护业务费与项目融资优先贷款的本金和利息的支付优先等级

考虑税金和规费、运营维护业务费与项目融资优先贷款的本金和利息的支付优先等级问题。这里需要考虑的重要事项是偿还项目融资优先贷款的本金和利息的资金源于使用者付费或者东道国政府/承购方支付的合同对价。若由于项目公司导致无法满足项目合同要求的水准或者东道国政府/承购方解除项目合同，项目公司将无法获得预期收益，也就无法确保偿还项目融资优先贷款的资金（优先债权人承担项目运营风险）。

反而言之，若由于项目公司导致东道国政府解除项目合同，优先债权人将无法回收全部本金和利息。因此，为了避免东道国政府解除项目合同，优先债权人宁愿延长优先贷款偿还时间，并在此期间对项目进行补救并使项目继续运营下去。若项目补救成功，运营期的使用者付费或东道国政府/承购方的对价支付恢复正常，项目

公司便会有充足的资金用于偿还优先贷款并补偿由于拖延偿还给优先债权人带来的损失。出于上述理由，税金和规费、运营维护业务费的支付等级要高于项目融资优先贷款的本金和利息的支付。

在公司融资中，只要存在用于偿还贷款的资金，无论该资金多少都会被用于偿还贷款。但项目融资并非如此。例如，本金为10亿美元的项目融资优先贷款中，若将本应支付运营维护业务费的1 000万美元优先用于偿还优先贷款，则项目的运营和维护无法继续，最终导致东道国政府解除项目合同。对优先债权人而言，这意味着无法收回剩余的9.9亿美元。将1 000万美元用于支付运营维护业务费，会使项目继续运营下去并全额回收贷款。综上，对项目融资而言，只要存在用于偿还贷款的资金，无论该资金多少都会被用于偿还贷款的做法会带来不利的结果。

可能有人认为若违约是由于项目公司，则同样也是运营维护商的原因，因此运营维护商即使不能获得运营维护业务费也应承担运营维护义务。但如9.2中所述，运营维护业务费中不包含利润，而且运营维护商同时也是社会资本方，无限制地让其承担运营维护成本违反了7.2.6中所述的社会资本方的有限责任原则。

13.2.3 项目融资优先贷款的本金和利息与股本/次级债的分红的支付优先等级

考虑项目融资优先贷款的本金和利息与股本/次级债的分红的支付优先等级问题。

在项目融资中不需要社会资本方提供担保的原因之一在于社会资本方只有在偿还项目融资优先贷款之后才能获得项目利润。这种安排意味着项目融资优先贷款的本金和利息支付的优先等级高于股本/次级债的分红的支付。

社会资本方的股本投资存在无法回收的风险。若资本金内部收益率比较合理,社会资本方选择最终承担并尽可能努力降低该风险。在项目如期进行的情形下,社会资本方能够获得一定的利润。因此,项目实施能力较强的社会资本方会努力对项目进行有效的运营和管理,即使项目发生问题,也会及时解决。这种社会资本方的项目实施能力及现金流瀑布条款的存在能够确保没有社会资本方担保情形下优先贷款得到偿还。

上述现金流瀑布条款的内容如图 13.1 所示。

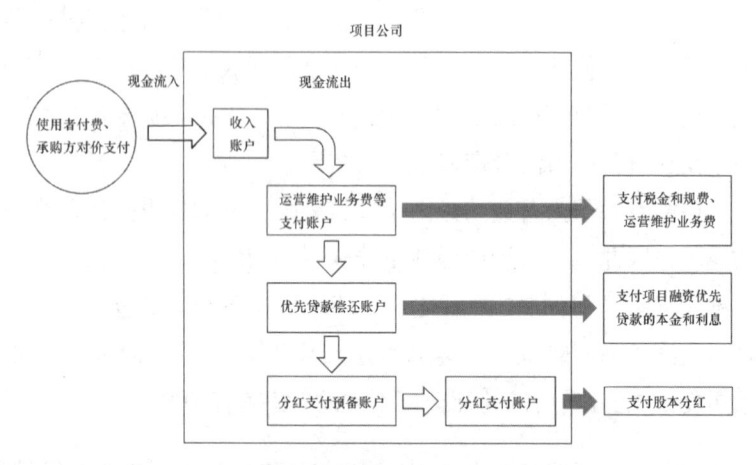

图 13.1 现金流瀑布条款规定的现金流走向

13.2.4 每期执行现金流瀑布条款规定的支付优先等级

税金和规费通常是以 1 年为周期,运营维护业务费通常也是以一定时间为周期每期进行支付的。因此,运营期内将全部税金和规费、运营维护业务费支付完再偿还优先贷款不具有现实意义。而且,优先贷款全部偿还之后再进行股本/次级债的分红会减弱杠杆效应,社会资本方实际获得收入的时间越迟,现金流收入的现值越小,资

第 13 章 项目融资的特征

本金内部收益率越低。这不仅不利于社会资本方,对优先债权人也无益处。

基于上述理由,现金流瀑布条款中规定的支付顺序应适用于每个特定周期。对于可用性付费型的资源・基础设施 PPP 项目而言,可用性付费将在每个周期支付 1 次。优先贷款中的本金和利息的偿还时间也设置在每个周期内。在实际操作中,该周期通常被设置为半年(6 个月)或一季度(3 个月)。

例如,以 4 月 1 日到 9 月 30 日的 6 个月为 1 个周期,通常现金流条款规定在每月 1 日从收入账户中将该月的运营维护业务费资金[1]转入运营维护业务费支付账户中。在该周期最后一个月即 9 月 1 日,首先从收入账户中将该月的运营维护业务费资金转入运营维护业务费等支付账户中,然后将该周期偿还优先贷款的本金和利息转入优先贷款偿还账户中,最后将收入账户中剩余的资金全部转入股本分红支付预备账户中。

因此,若每半年为 1 个周期的可用性付费在 4 月 1 日支付(可用性付费被转入收入账户中),优先贷款的本金和利息的偿还设置在 9 月中某一天是最理想的状况。此时,在计算 DSCR(详见 13.3.1)时,该 DSCR 的计算周期为 4 月 1 日至 9 月 30 日,DSCR 的分子为 4 月 1 日获得的可用性付费收入扣除此期间运营维护业务费及税金和规费后的金额,分母为 9 月支付的优先贷款的本金和利息支付额。

然而,若可用性付费的支付时间设置在 4 月 5 日及 10 月 5 日,4 月 1 日支付的运营维护业务费的支付资金将源自前一周期 10 月 5 日获得的可用性付费。因此,在该期间的 DSCR 计算中,现金流支

---

[1] 税金和规费通常 1 年支付 1 次,但不应在某个月一次性汇入支付资金,而应使用预备费账户有计划地对资金进行安排。

出的资金来源可能并不是同一期间的现金流收入。若对各种支付都采用分期支付的形式，DSCR 在计算上通常不会出现问题。但若没有进行分期支付或出现大修的情形，严格意义上，根据 DSCR 的定义，这些现金收入或支出需要计入当期现金流中。

13.2.5 分红的条件

从收入账户转入分红等支付预备账户的资金不是无条件地支付给社会资本方。这是因为如 13.2.4 中所述，现金流瀑布条款规定的支付顺序适用于每个特定周期，但收入账户转入分红预备账户后可能出现项目没有按照预期运营，使用者付费或东道国政府/承购方可用性付费的减少导致近期无法偿还优先贷款的本金和利息的风险。在这种情形下，社会资本方无法获得项目利润，需要对项目进行补救。基于上述观点，需要明确规定社会资本方获得分红的条件。

判断分红条件是否满足的基准日通常是偿还优先贷款的本金和利息的日期。即在从收入账户向偿还项目融资贷款的专设账户转入偿还优先贷款本金和利息的资金之后，剩余资金从收入账户转入分红支付预备账户的日期。假设现金流瀑布条款规定以每半年为 1 期，所有资源·基础设施 PPP 项目共通的分红条件如下：

（1）实现了财务完工；

（2）优先贷款合同实施过程中没有发生导致违约或潜在的违约事项；

（3）包含本金和利息偿还日的当期及下期 DSCR 的值超过 XX 值；

（4）包含本金和利息偿还日的当期之前连续两期的实际 DSCR 值超过 YY 值。

关于条件（1），将在 14.1.2 中进行详细阐述。若优先贷款合

第13章 项目融资的特征

同实施过程中出现了违约或发生了潜在的违约事项,这意味着项目没有按照预期运营,因此条件(2)的存在理所当然。设置条件(3)和(4)的理由将在13.3.3中进行阐述。这里需要留意的是条件(4)中规定的两期的实际DSCR值需要满足特定条件。这意味着需确保当期之前的连续两期在偿还优先贷款本金和利息方面没有出现任何问题。

此外,在判断上述条件是否满足的基准日,即在优先贷款偿还日应及时准备数据判断条件(3)和(4)是否满足。如果上述准备不充分,支付社会资本方分红的时间将有可能延后。

13.2.6 分别设置分红支付预备账户与分红支付账户的理由

如13.2.4所述,若从收入账户汇款至分红支付预备账户的时间为9月1日,判断分红是否满足条件的时间为9月20日,在此期间转入分红支付预备账户的资金在优先债权人的控制之下。因此,分红支付预备账户中的资金将作为担保以保护优先债权人的利益。关于在项目融资中设置担保的理由将在14.4中进行详细阐述。若9月20日判断满足分红条件,被转入分红支付预备账户的资金需交由社会资本方自由处置。资金将从分红支付预备账户转入没有设置担保的分红支付账户中,这便是需要分别设置分红支付预备账户和分红支付账户的原因。也许有人认为不需要9月1日将分红资金从收入账户转入分红支付预备账户,等到9月20日判断分红条件满足后,直接将资金转入分红支付账户(不需要分红支付预备账户)。这种观点存在的主要问题是没有考虑到9月2日至20日期间有资金进入收入账户的情形。即使9月20日判断满足分红条件,该期间内新进入的资金也不能用于分红。于是收入账户中同时存在可以转入分红支付账户的资金和不能转入分红支付账户的资金,这违反了现金流瀑布条款的原则，即根据运营期的现金流支付目的分别设置账户对现金流进行管理。

若9月20日没有满足分红条件，已转入分红支付预备账户的资金将被转回到收入账户，用于下期资金的支付。

13.3 现金流结构

如11.1中所述，项目融资的还贷资金源于项目的现金流，这也是项目融资的基本原则之一。现金流概念存在多种含义，不同情境下含义不同。

例如，在考虑企业价值时可以根据现金流进行评价。从企业正在进行的项目的视角来看，企业价值表现为项目产生的现金流现值的总和。在此视角下，被预测的项目现金流被转换为现值，这些现值的总和决定了项目的价值。此时一般采用按照权责发生制的间接法计算现金流量，在损益表中的税前净利润的基础上加回折旧等非现金科目。税息折旧及摊销前利润（Earning Before Interest, Taxes, Depreciation and Amortization，EBITDA）便是基于上述观点和方法的现金流计算指标。

然而，项目融资中的现金流与间接法的现金流存在若干不同之处。例如，间接法的现金流计算中没有排除非现金要素。而项目融资中假设项目公司必须在3月20日支付债务，若用于支付该债务的资金没有在3月20日之前被转入项目公司，项目公司将无法支付该债务。在计算企业价值时也许不需要考虑支付的时间，但在项目融资中，支付时间反而成为重要的因素，因此需要完全排除非现金因素，按照收付实现制的直接法计算现金流。据笔者所知，海外采取项目融资的项目均采用直接法的现金流对项目的财务收益进行

第 13 章 项目融资的特征

评价。在本质上,这与盈利公司确认日常的现金流以确保不出现资金短缺是一致的。

引入现金流结构可以说是项目融资的最显著特征,以下针对基于现金流量结构的项目特征进行阐述。

13.3.1 社会资本方提供次级债

如 2.2 所述,社会资本方对项目公司的出资方式包括股本投资和次级债出资。在实际操作中,社会资本方往往根据东道国公司法的规定提供最低额度的股本资金,剩余资金以次级债的形式提供。从还款支付顺序的视角来看,项目公司的债权人一般能够比股东获得更好的还款保障,但实际项目融资中并非如此。那么项目融资中使用次级债的理由是什么?以下详细阐述项目融资中使用次级债的两个主要原因。

(1) 节税

项目融资中使用次级债的第一个理由是,在项目所在国和社会资本方所在国不同的跨国项目中,利息的税率要低于分红的税率。因此,相比股本分红,社会资本方通过利息形式能够获得更多的利润。此外,并不局限于跨国项目,利息可以从应税收入中扣除,而分红则不能从应税收入中扣除。但此时需要注意资本弱化(Thin Capitalization)的问题。

(2) 排除股利制动机制

项目融资使用次级债的第二个理由是,根据项目公司所在国公司法的规定,只有存在可分配收入才可以进行股本分红,项目融资中称不能分红的条件为存在股利制动机制(Local Dividend Stopper)。而在现金流结构中,即使不存在公司法规定的可分配收入,根据现金流瀑布条款的规定,也可以向社会资本方支付股本分红。

在此情形下，为了能够获得股本分红收益，社会资本方可以使用次级债投资的方式，即项目公司以偿还次级债本金和利息的名义向其支付股本分红。笔者认为，这是项目融资使用次级债的本质原因。

假设如图 13.2 所示，社会资本方对项目公司的投资全部使用股本投资，而且根据公司法规定的项目可分配收入为 0。在此情形下，即使资产部分存在现金（浅灰色部分）也无法对项目公司进行股本分红。若负债部分债务（深灰色部分）的支付时间为 10 年后，则为了 10 年后能够偿还债务，需保留相应的资产，即使该资产是以现金的形式存在的。

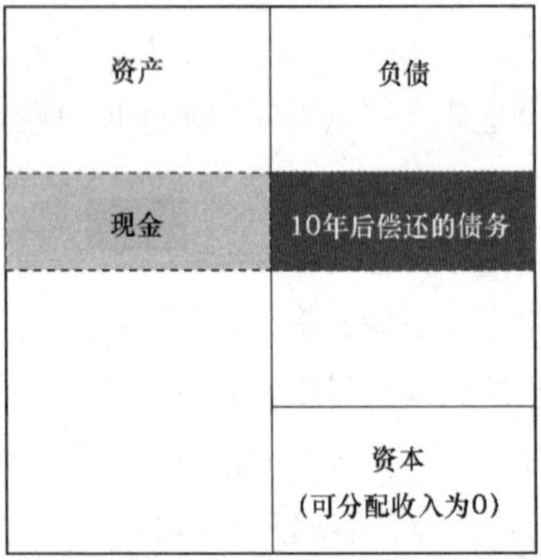

图 13.2　股本投资情形下项目公司资产负债表中的现金

然而，若项目公司能够在 10 年之内获得负债部分的债务（深灰色部分）额度相当的现金收入，现阶段保留现金（浅灰色部分）没有实质意义。因此，为了将这部分现金支付给社会资本方，社会资本方可使用次级债的出资形式，以次级债股本和利息的形式获得投资回报。于是，如图 13.3 所示，即使不存在公司法规定的可分

第 13 章 项目融资的特征

配收入,可以次级债本金和利息的形式向社会资本方支付利润[1]。

图 13.3　股本投资及次级债情形下项目公司资产负债表中的现金

有人认为项目公司可以等到存在可分配收入时向社会资本方支付利润。然而,毋庸置疑,社会资本方越早从项目公司获得利润,该利润的现值越大,资本金内部收益率也就越高。因此,按照公司法的规定将可分配收入支付给社会资本方会导致资本金内部收益率的降低,最终给东道国政府/承购方带来损失。

（3）与公司融资比较

一般而言,公司融资主要是以资产负债表为主的财务报表为财务评价依据,而项目融资则是以直接法计算的现金流中的实际数值为依据进行财务评价。因此,在公司融资的贷款合同中通常包括财务制约条款,规定借款人维持一定资本金额度及利润水平,而项目

---

[1] 可分配收入的存在意味着项目公司实现了利润。但其中能够分配给股东的利润需要扣除应缴纳的税金和规费等。考虑到评价项目发起人投资效率的内部收益率指标,若现金流入不变,则支付给项目发起人的报酬越多,内部收益率越大,项目发起人会获得越多的回报。因此,在现金流结构中应尽可能地在合理的范畴内将项目公司的利润转移给项目发起人。

融资中则不存在该财务制约条款。

因此,在项目融资的现金流结构中可能出现实质为赤字"分红"的情形(该"分红"并不是公司法意义上的股本分红)。另外,即使项目公司账面上有利润,若出现资金短缺仍可能发生破产(黑字破产)。在此意义上,若将以资产负债表为依据的公司融资比喻为欧几里得几何学,则现金流结构具有非欧几里得几何学的侧面,与公司融资具有显著的不同[①]。

(4)次级债是股权等价物(Equity Equivalent)

社会资本方的次级债投资实质上是股本投资,出于(1)和(2)中所述的理由,次级债只是股本投资的一种法律形式。因此,次级债被称为股权等价物。

①资本金内部收益率中对次级债的处理

在资本金内部收益率的计算中,次级债被作为股本对待。PPP项目中,社会资本方仅应通过股本分红获得项目利润。次级债实质上是股本投资,除去本金之外,其利息相当于项目利润分红。

换而言之,股本投资与次级债投资都是支付社会资本方利润的渠道,在现金流结构中并不对两者进行区分。有人认为出于对项目公司控制的考虑应该采用股本投资的形式。但控制权的大小本质上取决于投资比例,而不是投资额度的大小。因此,实际操作中股本投资的金额往往只是达到项目公司所在国公司法规定的股本投资最低标准。

②东道国政府/承购方设定项目公司最低股本金额的非合理性

东道国政府/承购方有时会设定资源·基础设施PPP项目中项

[①] 通常资不抵债及暂停付款是启动破产程序的条件。但是即使项目融资中的借款人(项目公司)资不抵债,仍然可能会拥有充足的现金流。在此情形下,仅是资不抵债并不能作为破产手续开始的条件。这与即使一般企业出现暂时的资不抵债也不满足启动破产程序的条件在本质上相同。在项目融资中有时会将满足项目公司启动破产程序的条件规定为违约事件,因此仅是资不抵债不能构成违约事件。

第13章 项目融资的特征

目公司的最低股本金额度。然而，社会资本方应对用于支付项目成本的项目资金中资本金和贷款金额的比率具有自主决策权。因此，东道国政府设定项目公司最低股本金额是不合理的。而且，如①中所述，社会资本方的股本投资比率只需达到项目公司所在国公司法规定的股本投资最低标准。这也说明了东道国政府设定项目公司最低股本金额不具有合理性。

某些国家的公司法规定，若项目公司的股本资金超过一定额度，该公司有财务审计的义务。因此有人认为需要设定项目公司最低股本金额使项目公司承担该义务。然而，若确实需要项目公司承担财务审计义务，只需在项目合同中对此进行明确规定即可。如（2）中所述，设定项目公司最低股本金额会导致社会资本方回收资金的时间拖后，从而导致资本金内部收益率低下，最终给东道国政府/承购方带来损失。

③社会资本方的股本投资比率与次级债出资比率应相同

如本书中多次阐述，资源·基础设施PPP项目及项目融资的成败取决于社会资本方的项目实施能力。若存在多个社会资本方，应根据不同社会资本方的项目实施能力分配他们对项目公司的控制权，并获得相应的收益。因此，对每个社会资本方而言，体现控制权及分红收益的股本投资比率应与次级债出资比率相同。相应地，优先债权人和东道国政府/承购方不应仅对各社会资本方的股本投资比率进行审查，还应审查次级债出资比率。

④次级债与项目融资中优先贷款的本质不同

有时社会资本方会认为次级债与贷款没有区别。项目融资以项目公司的资产作为担保，用以确保优先债权人能够收回贷款（本金和利息）（详见14.4）。因此，有些社会资本方为了能够确保收回次级债（本金和利息），也要求将项目公司的资产作为担保，其优先等级仅次于优先债权人。

然而，次级债并不是贷款。次级债的偿还本质上与股本分红并无区别。由于股本分红不能以项目公司资产为担保，因此也不应存在以项目公司资产为担保的次级债。

而且，项目融资中担保权的设置并不是以通过实施担保权直接回收债务为目的，其目的是在社会资本方无法按照预期继续实施项目时，优先债权人能够通过实施担保权更换社会资本方，并将项目移交给新的社会资本方（详见14.4）。而对社会资本方而言，不应因为上述目的设置担保权，因此为了确保次级债偿还而以项目公司的资产为担保的做法完全不具有合理性。这种做法本质上是基于公司融资的理念，并不适用于项目融资。

⑤次级债担保

项目融资中通常将社会资本方的股本资金作为优先债权担保。而次级债作为股权等价物同样也应被作为优先债权担保（详见14.4）。

可能有社会资本方主张只将股本资金作为担保，不应将次级债作为担保（因此，当社会资本方无法按照预期实施项目时，只需将股本资金转让给新社会资本方，原有社会资本方继续持有次级债）。然而，若只将股本资金转让给新社会资本方，新社会资本方努力重建项目获得的收益中一部分将用于支付次级债本金和利息。即新社会资本方通过重建项目获得的收益支付给项目实施失败的原有社会资本方。这种做法会导致项目失败时将无法吸引新社会资本方参与并重建该项目。次级债本质上是社会资本方获得项目利润的渠道，因此，应对次级债设置优先债权担保。

⑥现金流瀑布条款中的次级债等同于股本资金

如11.2.1中所述，运营期间项目公司的支付现金流包括税金和

第 13 章　项目融资的特征

规费、运营维护业务委托费、项目融资优先债权的本金和利息及股本/次级债分红等。同时这也是现金流瀑布条款规定的支付顺序。如 13.2.5 中所述，股本/次级债的分红支付需要设定支付条件，只有满足支付条件才能进行支付。相反，若支付条件没有满足，则无法支付股本/次级债分红。

也许有社会资本方主张支付次级债不需满足分红支付条件，但次级债作为股权等价物没有理由与股本分红支付方式不同。

⑦次级债具有相对次级债权

需要留意社会资本方的次级债具有相对劣后的含义。次级债权包括绝对次级债权和相对次级债权。

绝对次级债权是指在债务人法定破产时，次级债权的偿还优先等级要低于所有的一般债权，在所有的一般债权满额偿还之后才能得到偿还。在国际清算银行管制下，绝对次级债被作为股本对待，通常金融机构作为债务人利用次级债贷款筹集股本资金。

相对次级债权则是指其偿还优先等级只低于特定的债权（优先债权）。相对次级债权的偿还等级与其他一般债权相同。因此，当该次级债的债务人法定破产时，该次级债与其他一般债权的偿还优先等级相同。相对次级债权只是优先债权人和次级债权人（及债务人）之间的协议所具有的合同效力的体现，为了实现该优先和劣后关系，债务人需将偿还资金支付给优先债权人和次级债权人双方的共同代理人，然后由该代理人按照优先等级分别向优先债权人和次级债权人进行支付。

项目融资中的优先债权是优先贷款的债权。如 13.2.3 中所述，应根据合同中现金流瀑布条款中对优先等级的规定向优先债权人和次级债权人进行支付。

项目融资中使用次级债的主要理由包括（1）节税，（2）排除股利制动机制。对优先债权人而言，只要实现现金流瀑布中规定的优先劣后关系，并不需要进一步降低次级债的偿还优先等级。

也许有人认为规定次级债的绝对劣后关系也不会影响优先债权人的利益。但优先债权人对社会资本方持有的次级债设置担保权，若项目没有按预期进行，也没有找到新的社会资本方继续项目运营，优先债权人需实施债务回收（详见14.4）。项目公司破产时，若次级债处于相对劣后位置，在破产程序中该次级债的偿还优先等级与一般债权相同，可能无法得到完全偿还。此时，优先债权人通过实施在次级债上的担保权，可以将用于偿还该次级债的资金用于偿还优先贷款。然而，若次级债的偿还优先等级为绝对劣后关系，该次级债将无法得到偿还，因此优先债权人将无法获得相对次级债情形下的偿还资金。即对优先债权人而言，将次级债设置为绝对劣后将可能给其带来损失。

13.3.2　向社会资本方支付的资金名目

项目公司向社会资本方支付的资金的法律名目包括股本分红、股本偿还及次级债的本金和利息偿还。然而，在计算资本金内部收益率时，社会资本方支付名目的不同对资本金内部收益率并不产生影响（除了税务上的不同）。而且，如13.2.5中所述，股本/次级债的分红条件并不因为对社会资本方的支付名目而改变。这意味着项目融资中的现金流结构中，项目公司向社会资本方的支付只是现金支付与否的问题，与名目无关。因此，在项目融资的现金流结构中，股本分红、股本偿还及次级债本金和利息的支付仅是项目公司向社会资本方支付现金的渠道。反而言之，在项目融资的现金流结构中，社会资本方拥有通过该渠道自由使用该资金的权利。

但在实践操作中，支付渠道的不同可能会导致税务问题的发生。

第13章 项目融资的特征

社会资本方会出于节税的考虑决定采用哪种渠道。

13.3.3 DSCR、LLCR 及 PLCR

如 13.3.1 中所述,项目融资中优先贷款人不能基于借款人财务报表中的资本金及利润(借款人的还债能力)决定是否贷款。如图 13.2 和图 13.3 所示,若项目公司在 10 年内一定获得与负债部分"10 年后偿还的债务"等额度的现金收入,现阶段保留现金没有实质意义。因此,问题的本质在于项目公司能否在 10 年内获得与负债部分"10 年后偿还的债务"等额度的现金收入。而对优先贷款而言,还债资金能否在还债日前被转入项目公司至关重要。判断还债资金能否转入项目公司的两个指标为 DSCR 和 LLCR。这两个指标是表示项目融资中借款人偿还能力的指标。

(1) DSCR

DSCR 是表示在一定期间(优先贷款偿还日期之间的间隔期,通常为 6 个月或 3 个月)内,项目公司具备偿还该期应偿还优先贷款本金和利息的资金多少的指标。此时,用于偿还优先贷款本金和利息的资金又被称为可用于偿还债务现金(Cash Available for Debt Service)。

$$DSCR = \frac{一定期间偿还本金和利息前的现金流}{该期间应偿还的本金和利息} \tag{13.1}$$

上式中分子表示该期间内向项目公司支付的资金收入(运营期间流入项目公司的现金=使用者的付费或者承购方的对价支付)中扣除该期间税费、规费及运营维护业务费之后的金额。即

$$一定期间内偿还本金和利息前的现金流=该期间内项目公司的现金收入 - (该期间支付的税费和规费+该期间的运营维护业务费) \tag{13.2}$$

简而言之,一定期间偿还本金和利息前的现金流等于该期间项

目融资的优先贷款本金和利息的还债额及股本/次级债的股本分红金额的总和。扣除税金和规费及运营维护业务费的理由是如13.2.2中所述的现金流瀑布中规定税金和规费等与运营维护业务费的支付处于最优先地位。换而言之，对优先债权人而言，降低债务偿还的优先等级是为了确保东道国政府/承购方不解除项目合同，从而可以在项目继续运营过程中对项目进行整顿或重建。

即使项目公司的现金收入少于预期或者实际的运营维护业务费高于预期（项目公司运营没有实现预期收入），DSCR值越大表示优先债权人的本金和利息得到偿还的可能性也越大。

DSCR的主要用途如下：

①在现金流敏感度分析阶段中决定融资条件

对优先债权人而言，如13.3.2中所述，优先债权人在项目审查过程中对现金流敏感度进行分析时，首先计算融资期间各期的DSCR值。若某期的DSCR值小于1，则意味着该期的优先贷款的本金和利息无法得到偿还。通常，项目公司的现金流收入、优先贷款的本金和利息还债额及运营维护业务费可以平均到各期进行计算，但税金和规费的支付往往集中在某个特定时期。而且，在大修期间也会发生较多的运营维护业务费。这些成本的发生会减少DSCR的分子值。为了应对这些支付，项目公司往往需要设置预备金账户留出资金或者调整优先贷款的本金还债金额。因此，日常的现金流管理至关重要。通过预备金账户的预留资金支付税金和规费及运营维护业务费，可以有效地预防DSCR计算公式中的分子值及DSCR值变小。

需要注意的是，DSCR值微大于1也不意味着满足融资条件。现金流敏感度分析要求在预期的现金流收入条件下的DSCR值充分大于1，否则，运营状况的稍微恶化则会导致优先贷款无法得到偿还，因此需要 DSCR 值具有一定的缓冲空间。

DSCR 值具体应该满足什么条件取决于资源·基础设施 PPP 项目的属性及该项目所在国家或地区的具体状况。笔者认为签订能源购买协议的 IPP 项目的 DCSR 值应该在 1.3 左右。

DSCR 值超过 1 的部分用于支付股本/次级债的分红等。换而言之，用于支付股本/次级债分红的资金是偿还优先贷款资金的缓冲资金。这意味着社会资本方能否获得充分的股本分红收益对优先债权人而言也至关重要。

②现金流瀑布条款中规定的股本分红条件

如 13.2.5 中所述，在现金流瀑布条款中规定了股本分红的支付条件，只有当该条件满足时才能向社会资本方支付股本分红。设置该分红条件的目的是当该条件不满足时，即该项目运营状况恶化或者近期内会出现运营状况恶化时，防止社会资本方获得项目利润。在项目融资规定的股本分红条件中规定了 DSCR 值需满足一定要求。通常股本分红条件规定的 DSCR 值要小于现金流敏感度分析阶段中的预期数值，但大于下述③中所述的引发违约的 DSCR 值。

DSCR 分为预期 DSCR（Projected DSCR）和历史 DSCR（Historical DSCR）。预期 DSCR 以预期的未来现金流为前提条件计算，而历史 DSCR 值则以过去实际发生的现金流计算。

在现金流瀑布条款中规定的分红条件中同时使用了上述两种 DSCR 值。通常，现金流瀑布条款中规定的股本分红条件中分别考虑 1 年的预期 DSCR 和历史 DSCR。DSCR 的计算期与优先贷款的本金和利息的各偿还期相对应。若优先贷款的各偿还期为 6 个月，则 DSCR 的计算期为 6 个月。此时，现金流瀑布条款规定的股本分红条件中的 DSCR 则分别使用了两期的预期 DSCR 值和历史 DSCR 值。

③违约事件

在很多情形下，DSCR 值在一定数值以下便构成了违约事件。此时的 DSCR 值是指预期 DSCR 值，大于 1 但小于现金流瀑布条款中规定的股本分红条件中的 DSCR 值。

在违约事件中不采用历史 DSCR 值的原因如下：若历史 DSCR 值小于 1，则意味着项目公司在过去优先贷款还款期限到来时无法偿还，这本身便构成了违约事件，因此基于历史 DSCR 值构成的违约事件规定当前违约事件是不适当的；而若历史 DSCR 值大于 1，则意味着项目公司在过去优先贷款还款期限前偿还了该期的本金和利息，基于该历史 DSCR 值则不会构成违约事件。

另外，若预期 DSCR 值小于 1 或微大于 1，则意味着该项目运营出现了问题。对优先债权人而言，存在近期无法回收债务的风险。此时，优先债权人行使介入权（详见 14.5.2）更换社会资本方并对项目进行整顿。

（2）LLCR

与 DSCR 对应于一定期间不同，LLCR 是表示在整个还债期间内存在用来偿还优先贷款本金（不包括利息）的资金多少的指标，并用现值表示。

$$LLCR = \frac{\sum 偿还本金和利息前的现金流的现值}{优先贷款的本金合计余额} \quad (13.3)$$

与 DSCR 类似，LLCR 值越大，表示即使项目公司的现金收入少于预期或者实际的运营维护业务费高于预期（项目公司运营没有实现预期收入），优先债权人的本金和利息得到偿还的可能性越大。但与 DSCR 对应于一定期间不同，LLCR 是以计算时点之后剩余的还债期为对象。因此现金流瀑布条款中不使用 LLCR 值规定股本分红条件或违约事件。LLCR 是在现金流敏感度分析阶段被用于评价贷款期间项目的财务收益及偿还贷款的可能性的指标。而且不仅可以在项目开始阶段计算 LLCR 值,在项目进行过程中的任意阶段都可以根据偿还本金和利息前的现金流现值的合计值与优先贷款的本金合计余额进行计算。

在承担市场风险型资源·基础设施 PPP 项目中存在项目收益增长的可能性。若产品/服务的销售高于预期,则此时计算的 LLCR 值也会较高(因此,社会资本方会获得高于预期的股本分红收益)。但承担市场风险型资源·基础设施 PPP 项目通常具有现金流波动性较大的特点,为了应对风险,在贷款期内计算的 LLCR 值在一定数值以上时可以将超出部分用于提前偿还贷款。根据资源·基础设施 PPP 项目种类及优先贷款合同,LLCR 可以在优先贷款合同中被用来作为强制项目公司提前偿还贷款的指标。

(3) PLCR

PLCR(Project Life Coverage Ratio,即项目期债务偿付比率)指标与 LLCR 相类似。例如,某资源·基础设施 PPP 项目的运营期为 20 年,为了应对现金流风险通常在运营期结束前设置偿还全部本金和利息的期限。即使在还债期限内没有全部偿还全部本金和利息,仍可以期待在剩余的运营期内获得的现金流收入能够偿还本金余额。在此情形下,运营期而非还债期内发生的现金流成为偿还贷款的资金来源。即与 LLCR 不同,PLCR 计算公式中的分子表示的是运营期内发生的偿还本金和利息前的现金流现值的总和。因此,PLCR 是表示若无法按照预期偿还优先贷款的本金,最终本金全额被偿还的可能性的指标。在现金流敏感度分析阶段,PLCR 值通常被作为决定是否提供项目融资的条件。

第 14 章　融资合同的特征

在项目融资的教科书中一般会提到优先贷款合同包括贷款前提条件（Conditions Precedent）、陈述和担保（Presentations and Warranties）、约定事项（Covenants）及违约事件（Event of Default），在发展中国家的项目融资中还往往设置岸外第三方托管账户（Offshore Escrow Account）等。这些都是理解项目融资必须了解的具体内容事项。

同样，公司融资的贷款合同中也规定了贷款前提条件、陈述和担保、约定事项及违约事件，而在发达国家的项目融资中并不设置岸外第三方托管账户。除了程序性条款（Procedural Provisions）和一般性条款（General Provisions）之外，贷款合同中条款设置的目的是保障贷款人的利益。所谓贷款人的利益是指当借款人出现信用问题时，若还没有开始贷款则免除贷款人的贷款义务；若已经贷款，则贷款人能够立即要求借款人偿还贷款。首先，若没有满足贷款合同中的贷款前提条件，则可以免除贷款人的贷款义务。其次，规定违约事件则是为了贷款人能够在该事件发生时立即要求借款人偿还贷款。此外，陈述和担保的真实性和准确性为贷款的前提条件，若陈述和担保不真实和不准确则构成违约事件。借款人没有违反约定事项也成为贷款的前提条件，而借款人违反约定事项也构成违约事件。上述保障贷款人利益的条款同样也在结构融资的贷款合同中加以规定，换而言之，是所有贷款合同的共同规定事项。

第 14 章 融资合同的特征

从事项目融资的专业人士需要理解保障贷款人利益的条款,这些条款是不同类别贷款合同的共同之处。这意味着,在从事项目融资之前,需要有丰富的公司融资特别是银团贷款合同操作经验。

本书的目的是解说项目融资的基础理论,这些共同条款的详细说明并不属于本书的介绍范围。同时本书原则上也不对发展中国家特有的项目融资机制进行详细说明。以下从一般论的视角对项目融资特有的合同特征进行说明。而现金流瀑布条款虽然也是项目融资相关合同的主要特征之一,但已经在 13.2 中加以说明,本章不再赘述。

14.1 财务完工及完工担保

资源·基础设施 PPP 项目及项目融资中存在三种完工概念,即物理/机械完工、操作完工及财务完工。这里主要对财务完工进行阐述。

14.1.1 财务完工的内容

为了实现财务完工,除了操作完工之外还需要满足如下条件。
(1)项目开始运营;
(2)根据项目属性,在一定运营期间内(不包括试运营)产生预期的现金流;
(3)不存在未支付的项目成本;
(4)已取得运营相关许可;
(5)已购买运营保险;

（6）满足预备金账户中资金的要求[①]；

（7）没有发生优先贷款合同中规定的违约事件或潜在违约事件。

此外，若在优先贷款合同中规定借款人需在特定期间内获得运营相关许可，借款人没有实现则自动构成了违约事件，该违约事件没有必要进行单独规定。运营保险同样如此。

除操作完工外，上述条件与 EPC 承包商履行 EPC 合同无直接关系。然而，这些条件对于偿还优先贷款至关重要。因此，除了操作完工之外需要在优先贷款合同中明确规定财务完工事项。以下对优先贷款合同中规定财务完工的目的进行说明。

14.1.2 规定财务完工的目的

（1）违约事件

在众多项目融资的优先贷款合同中，借款人承担在特定日期之前实现财务完工的义务。这意味着若借款人没有在特定日期之前完成财务完工，则构成了违约事件。该违约事件的发生同时意味着社会资本方的项目实施能力出现了问题。财务完工中包含了操作完工，这意味着社会资本方需要选择能够有效实施 EPC 业务的 EPC 承包商，而是否能够合理选择 EPC 承包商也体现了社会资本方的项目实施能力。

[①] 若项目成本中包括优先贷款偿还预备金账户中的资金，那么财务完工的条件中就会包括对有限贷款偿还预备金账户中资金的要求。但该预备金中债务股本比中的债务部分是通过优先贷款筹集的，这意味着优先债权人需要额外贷款以确保优先贷款的偿还。在运营期间将支付给项目公司的资金转入优先贷款偿还预备金账户本应是最理想的情形，但此时对该预备金账户的资金要求将不构成财务完工条件。此外，在运营期内对优先贷款偿还预备金账户转入资金意味着拖延了对项目发起人进行分红。因此，对项目发起人而言，增加贷款比率拖延了其获得分红收益，而减少贷款比率则意味着增加了项目发起人的出资比率，此时项目发起人要对其利弊进行综合考虑。

第 14 章　融资合同的特征

（2）社会资本方的股本分红条件

基于偿还优先贷款的视角，社会资本方无法在财务完工实现之前获得股本分红。如 13.2.5 中所述，股本分红条件中包括了实现财务完工。

（3）完工担保的解除条件

如 14.1.3 中所述，社会资本方有时会在项目融资中承担完工担保义务。财务完工意味着完工担保义务失效，因此，财务完工被规定为完工担保的解除条件。

14.1.3　完工担保

完工担保意味着社会资本方在财务完工之前需要在项目融资相关合同中为项目公司的债务提供担保。在日本，有人认为完工担保是指社会资本方在项目完工之前对优先债权人承担向项目公司提供完工所需资金的义务。然而，完工担保本质上是社会资本方对融资合同中项目公司债务的担保。如 11.2.2 中所述，有些资源·基础设施 PPP 项目规定社会资本方在项目完工之前对优先债权人承担向项目公司无限提供完工所需资金的义务。虽然该义务的实施与完工担保具有同样的经济效果，但在考虑上述义务时需要留意 11.2.2 中所提及的问题。

这里我们所指的完工是如 14.1.2 中所述的财务完工。基于法律视角，财务完工为完工担保的解除条件。因此，在需要完工担保的项目中，若社会资本方的信用风险过大，意味着该项目无法通过项目融资筹集资金。

而即使社会资本方提供完工担保也并不意味着优先债权人不承担完工风险。例如，即使实现了操作完工，事后可能会发现设施存在质量瑕疵，按照 EPC 合同中的规定，EPC 承包商将承担质量瑕疵的担保责任。然而，EPC承包商承担质量瑕疵担保责任的期限有限，而且即使在质量瑕疵担保责任期内，EPC承包商承担的成本赔偿虽然包含了修复成本，但可能没有包含因为质量瑕疵导致无法进行项目运营产生的损失[①]。

此外，与项目融资没有直接关系的政治风险剥离（Political Risk Carve-out）也与完工担保密切相关。当优先债权人为出口信用保险机构（ECA）或多边开发银行（MDB）时，承担政治风险则为其融资的目的之一。此时，若政治风险发生导致无法实现财务完工时，应免除社会资本方的完工担保义务，即政治风险剥离是指在政治风险发生导致无法进行财务完工时，应免除社会资本方的完工担保义务。但需要指出，社会资本方在财务完工之前对项目公司在融资合同中的债务提供完工担保是政治风险剥离的前提条件。

14.2　社会资本方支持

在资源·基础设施PPP项目中，项目融资是有限追索权的融资方式。原则上，社会资本方不承担偿还优先贷款的法定责任。然而，如3.2.2中所述，在一定情形下社会资本方仍然承担与贷款相关的一定责任，这些责任被规定在社会资本方支持协议中。例如，很多资源·基础设施PPP项目的社会资本方支持协议中都规定了社会资本方维持对项目公司出资比例的义务。如8.2中所述，这是根据所有者兼运营商的原则要求社会资本方对优先债权人承担的义务。此外，由于对社会资本方的股本资金或次级债设置了担保权，社会资本方还需承担不损害该担保权的义务（详见14.4）。而且，社会资本方缔结的融资合同的有效性是项目融资的前提，这意味着社会资

---

①Kaga R. (2007)[10]，指出尽管完工担保可以保护优先债权人的权益，但并不能在技术上保证完工，因此完工担保应被视为增强融资担保的手段。

本方需要提供与这些合同相关的内部授权及融资合同中社会资本方义务有效性的相关陈述和担保。

然而，社会资本方直接承担资金赔偿责任是有限追索权原则的例外情形，此时需要一个合理的理由。例如，可能在项目合同中规定由项目公司承担本应由东道国政府/承购方承担的风险。在此情形下，首先需要考虑社会资本方是否应该实施该项目，其次，即使社会资本方决定承担该风险并实施该项目，但该风险不能由优先债权人承担。于是，当该风险发生时，社会资本方自身承担对优先贷款的偿还责任。再比如在使用某种技术的工厂项目中，从过去使用同技术的工厂项目中发现该项目完工后通常会出现某种问题。在此情形下，可以考虑根据项目具体情况，由社会资本方以追加次级债的形式承担解决问题的成本，此时一般会规定社会资本方额外出资额度的上限。

或者在保险事故发生时，若能够及时在项目公司支付该事故产生的成本之前得到保险赔偿则不会出现问题。但若根据保险合同条款规定，在项目公司支付该事故产生的成本之前保险公司不具有支付保险赔偿的义务，则需要项目公司填补资金缺口。此时也可以规定社会资本方承担提供追加次级债的义务。但当项目公司获得保险赔偿后，该次级债应得到优先偿还。

14.3 融资担保

融资担保（Security Package）是项目融资的专业术语。这里的担保容易被理解为担保权，但实际上是比"物品担保+人身担保"更广义的概念。

优先债权人在进行项目审查时对项目的收益及风险进行分析，

其中需要考虑的关键问题是对于项目中存在的各种风险，应承担该风险的一方是否承担了该风险。项目公司承担包括项目运营风险的部分风险，因此存在优先贷款无法得到偿还的风险。这意味着需要引入优先贷款的信用增级（Credit Enhancement）措施，而项目中引入的各种信用增级措施便构成了融资担保。优先债权人在项目融资的项目审查过程中，根据风险分担的分析结果构建融资担保。

包含在融资担保中的信用增级措施具体包括如下内容，本书已对其中大部分进行了阐述。

（1）EPC承包商对违约金的支付义务；
（2）社会资本方支持；
（3）社会资本方完工担保；
（4）债务股本比；
（5）DSCR、LLCR及PLCR；
（6）优先贷款的偿还期；
（7）现金流瀑布条款；
（8）保险/衍生工具；
（9）东道国政府的支持函等；
（10）出口信用保险机构或多边开发银行的参与；
（11）第三方咨询机构的项目审查；
（12）各种担保权。

14.4 项目融资中的担保权

有人说项目融资中不设置担保权，这是一种误解，事实上项目融资中应更彻底地使用担保权。在项目融资中，即使资产价值尚未确定，仍然需要设置担保权。设置担保权的对象资产不仅包括构成

第 14 章　融资合同的特征

项目资产的不动产和动产，还包括项目相关合同。此外还包括保险索赔权及根据现金流瀑布条款中规定开设的各种资金账户（不包括分红账户）。社会资本方的股本及次级债也是担保权设置的对象资产。

项目融资中设置担保权存在消极的和积极的理由[12]，以下分别对这两种理由进行说明。

14.4.1　消极（防御性）的理由

从保护项目现金流的视角，项目融资中设置担保权的消极的理由是防止项目公司拥有的资产及社会资本方的股本及次级债被项目公司或社会资本方随意处理，或者被第三方预先处理。

项目融资是依赖于项目现金流的融资方式。若产生现金流的项目资产流失，则项目现金流将无法维持。而项目公司本身仅是为了该项目成立的特别目的公司，因此项目公司的资产仅限于能够产生项目现金流的资产。在此情形下，即使是价值较小的资产，但若该资产是产生项目现金流不可或缺的，或者很难在市场上购买代替资产，从维持现金流的角度而言，有必要对该资产设置担保权。

能够产生现金流的项目资产流失的原因除了项目公司或社会资本方对资产进行处理，还可能包含第三方的项目公司的债权人对项目公司资产的抵押没收处理。但若该资产被设置了担保权，则第三方将无法指望通过该资产回收债务，也就失去了没收该资产的动机。

此外，除了项目公司资产之外，社会资本方的股本及次级债通常也是设置担保权的对象。这是因为根据所有者兼运营商的原则，社会资本方的更替会产生无法维持项目现金流的风险。

14.4.2 积极的理由

在项目融资中，当项目没有产生预期的现金流，因此无法按期偿还优先贷款时，社会资本方兼运营维护商将承担未能实现预期项目产出的责任。在此情形下，由新社会资本方替代原有社会资本方对项目进行补救，若项目重建成功则可以按照预期产生项目现金流，并能够偿还优先贷款。

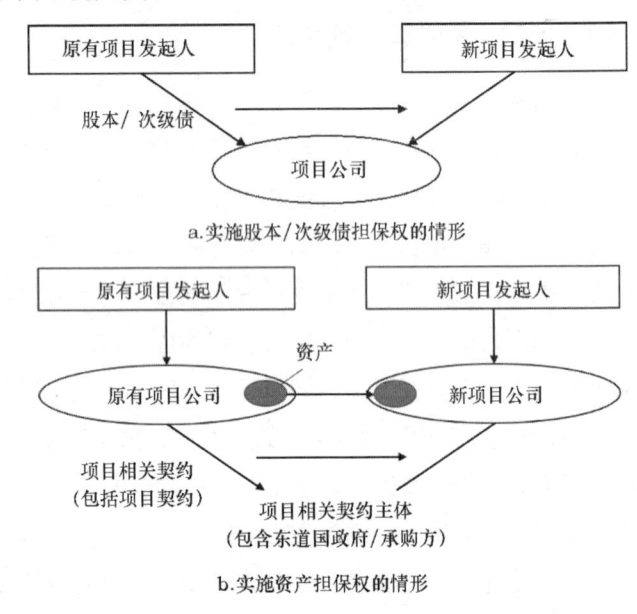

```
原有项目发起人              新项目发起人
        股本/次级债 ↘   ↙
              项目公司
         a. 实施股本/次级债担保权的情形
```

```
原有项目发起人              新项目发起人
        ↓          资产          ↓
    原有项目公司  ●——●  新项目公司
     项目相关契约  →
    （包括项目契约）
              项目相关契约主体
              （包含东道国政府/承购方）
         b. 实施资产担保权的情形
```

图 14.1　实施担保权替换社会资本方

如图 14.1 所示，目前存在两种变更社会资本方的方法：①将原有社会资本方的股本及次级债转让给新社会资本方；②将原有项目公司的全部资产转让给新社会资本方成立的新项目公司。由于上述转让也许与原有社会资本方或项目公司的意愿冲突，通过对原有项目公司的全部资产及原有社会资本方的股本及次级债设置担保权，即使原有项目公司或社会资本方反对也可以强制执行资产或股本／次级债的转让程序。这便是项目融资中设置担保权的积极的理由。

通过止赎担保权变更社会资本方时，只需选择以上两种方法中的一种，没有必要同时实施上述两种方法。优先债权人要求更换社会资本方的权利又被称为介入权。优先债权人的介入权将在14.5.2中详述。

综上，在项目融资中，若项目没有实现预期的现金流，即无法按期偿还优先贷款时，优先债权人可以将项目转让给新社会资本方成立的新项目公司，由新社会资本方对项目进行补救，并通过重建后的项目产生的现金流获得优先贷款的偿还。因此，与公司融资不同，项目融资中的担保权并不关心担保财产的对价，也不是在优先贷款回收的最后阶段实施担保权的。

项目融资中担保权的设置不仅具有重建项目的作用，而且间接地为东道国政府／承购方带来收益。

最后需要考虑在将项目资产转让给新社会资本方的新项目公司时，优先贷款的债务是否同样转移给新项目公司的问题。虽然笔者尚未接触过通过上述方法转移项目资产的具体案例，但在实务操作中，应是优先债权人在行使担保权时，将尚未支付的本金和利息总额以项目融资的方式贷给新社会资本方。作为取消担保赎回权的对价，由新社会资本方偿还原有项目融资中尚未支付的本金和利息总额。

14.4.3　替换社会资本方的两种方法的优劣势

优先债权人在实施担保权时，有以下两种方法可以选择：①将原有社会资本方的股本及次级债转让给新社会资本方；②将原有项目公司的资产全部转让给新社会资本方成立的新项目公司。那么应该选择哪种方式呢？

当然，选择"①将原有社会资本方的股本及次级债转让给新社会资本方"在操作上比较简单容易。但在此情形下，项目公司的法人资格并没有改变。若项目公司存在额外的债务，新社会资本方需在还清该债务的基础上获得利润。对新社会资本方而言，采用该方法将导致缺乏重建项目的动机，可能不会选择参与该项目。最终导致不仅项目没有得到改善，也没有偿还优先贷款，还会间接地为东道国政府/承购方带来损失。

根据上述分析，"②将原有项目公司的资产全部转让给新社会资本方成立的新项目公司"是比较合理的选择。但在这种情形下，需要实施各种不同资产的担保权，手续比较繁杂，而且需要成立新项目公司。此外，根据不同项目要求，可能需要项目公司在此取得各种行政许可（当然存在无法获得行政许可的风险）。

14.4.4　担保权的设置时期

根据项目融资中担保权设置的积极和消极的理由，需在实施初期优先贷款前设置所有的担保权[①]。未来产生的资产（包括债权及社会资本方的股本和次级债）也需要在实施初期优先贷款前以具备对抗要件（详见14.5.1）的形式设置担保权来确保事后通过实施该担保权替换社会资本方。

然而在具体项目中，有可能无法在初期优先贷款实施前完成所有的担保权设置。例如，在初期优先贷款实施时可能尚未签订运营维护合同及保险合同。此外，日本法律规定建筑物与土地是不同的

[①] 严格来说，在项目融资初期优先贷款前可能会存在对代理费的债权及交易方对项目公司的债权。这些债权与优先贷款债权同样需要设置担保权对其进行担保。而在实施初期优先贷款前，这些债权也许已经被设置了担保权。在实践操作中应根据项目实际情况具体考虑。

第 14 章　融资合同的特征

地产。通常，在初期优先贷款实施前建筑物尚未完成，无法在初期贷款实施前对该建筑物设置担保权。因此，这些担保权最迟需要在财务完工之前设置完成，在优先贷款合同中会将担保权的设置作为项目公司的义务加以规定。

在优先贷款合同中将担保权的设置作为项目公司的义务是否就可以解决上述问题了呢？若项目公司违反了该义务，便构成了优先贷款合同中规定的违约事件。因此，优先债权人可以通过规定违约事件保证担保权的实施。但由于没有对项目的全部资产设置担保权，也就无法将项目的资产全部转让给新项目公司。若优先债权人预想到上述情况发生，项目融资将不再可行。为了解决该问题，需要在社会资本方的支持协议中规定该担保权的设置事宜。

14.4.5　担保权的实施程序

基于项目融资的视角，应按照怎样的程序实施担保权至关重要。这也是在对东道国的资源·基础设施 PPP 项目提供项目融资之前对该东道国政府的法律制度进行调查的主要科目之一。

通常，项目资产（尤其是不动产）的收益是通过对这些资产的担保权益的止赎来实现的，并最终通过法院的拍卖程序来出售这些资产。然而，这种方式无法保证项目资产能转让给新社会资本方成立的新项目公司，也就无法实现 14.4.2 中所述的项目融资中设置担保权的积极目的。因此，需要在项目融资中设计担保权的实施程序，确保优先债权人无需法庭裁判程序即可直接将项目资产转让给新项目公司。

14.4.6　对所有项目合同设置担保权

项目融资中，需要对所有的项目合同设置担保权。这是因为，项目合同也是产生项目现金流的项目公司资产的一部分。如11.1中所述，项目融资能够给项目公司及与项目公司签订项目合同的主体（如东道国政府/承购方、运营维护商、EPC承包商等）带来收益。因此，应在合理的范畴内对项目合同设置担保权以规定各合同主体的行为。

根据项目合同的准据法及担保权的准据法的不同，对项目合同担保权的设置程序也有所不同。

有些项目只对项目合同中原有项目公司的债权/权利设置担保权。然而，这种情形下即使实施担保权，也只是将项目合同的债权和权利转让给新项目公司，项目合同的义务/债务仍然属于原有项目公司。此时需要慎重考虑新项目公司能否在此条件下成功补救项目。在英国法律下，有些项目还可能需要更改合同。

在普通法系中不存在合同主体的合同地位的概念，而在大陆法系中则存在该概念。当项目合同的准据法为大陆法系时，需要考虑如何将原有项目公司的合同地位转让给新项目公司。因此，需要在缔结项目融资合同前对东道国政府的法律制度进行调查，在设置担保权时综合考虑是否可以根据担保权的准据法对合同地位设置担保权等问题。

对项目相关合同设置担保权时，该项目合同主体还无法知道在担保权实施时该项目合同会转让给谁。在担保权实施时可能存在原有项目公司违反合同义务的情形，此时该项目合同主体将关心他们对原有项目公司拥有的权利和债权将会被如何处理。这些问题将在14.5.2中详述。

运营维护合同同样也是担保权的设置对象。对运营维护合同设置担保权是基于对项目融资中担保权设置的消极的理由。然而，在项目融资中很少是出于积极的理由对运营维护合同设置担保权的。

第 14 章 融资合同的特征

这是因为优先债权人实施担保权之时便是决定放弃原有社会资本方之时。因此,实施担保权的目的是中止与原有社会资本方(也是运营维护商)之间的合同关系,而不是将运营维护合同转让给新项目公司。基于上述理由,与运营维护合同相关的直接协议的内容不同于其他直接协议。

14.4.7 对特许权协议/承购合同/PPP项目合同的担保权的设置

根据有些东道国的行政法规(特别是合同缔结相关的会计法规)的规定,东道国政府原则上需要通过公开招标的方式签订合同。出于上述理由,将特许权协议/承购合同/PPP项目合同转让给新项目公司时同样需要公开招标。在这种情形下,由于无法保障优先债权人的利益,优先债权人将不会为该东道国的项目提供项目融资。由于引入项目融资会给东道国政府带来较大收益,若东道国政府期待引入国外资金,则需要制定相关法律以保证项目融资的可行性。例如,墨西哥为了促进国外对IPP项目的投资,特别制定了IPP项目相关的行政法特别法规。

一般而言,行政法规的主要目的是确保东道国政府/承购方缔结特许权协议/承购合同/PPP项目合同时的程序公平性,在此意义上,公开招标便是确保公平性的手段之一。另外,东道国政府/承购方在缔结特许权协议/承购合同/PPP项目合同时并不是百分百要求公开招标,也存在例外的情形,但同样要求确保公平性。基于上述理由,优先债权人将特许权协议/承购合同/PPP项目合同转让给新项目公司并不意味着违反了公平性原则,因此也就没有违背相关行政法规的规定。

14.5 直接协议与介入权

如 3.2.4 中所述,直接协议为项目融资的专业术语,是指每个项目参与主体与优先债权人或者项目公司之间签订的合同。直接协议的主要目的:①使对所有项目合同设置的担保权具备对抗要件;②确保优先债权人的介入权。以下分别对上述两个目的进行阐述,并说明优先债权人和东道国政府/承购方的介入权及直接协议规定的其他事项。

如 11.1 中所述,项目融资给项目参与主体带来收益,因此项目参与主体之间需要缔结合理的直接协议。

14.5.1 担保权具备对抗要件

对项目合同(或项目公司在项目合同中的权利)设置担保权需要具备对抗要件。该对抗要件通常是指该项目合同主体之间关于该担保权设置的合意,需要依据该担保权的准据法(包括国际私法)决定。即使该项目合同主体对担保权设置的合意不是对抗要件,从项目合同主体认识到项目融资中优先债权人具有介入权的视角而言,合同主体对担保权设置的合意也至关重要。因此,直接协议中通常规定了项目合同主体对担保权设置的合意。

有时,项目公司对项目合同(或项目公司在项目合同中的权利)设置担保权时也需要取得该项目合同相关主体的合意。根据担保权的准据法的不同,上述合意可能与作为担保权的对抗要件的合意并不相同。因此,需要慎重考虑是否能够在直接协议中规定这两个合意,特别是前一个合意需要在担保权设置之前获得,需要考虑直接协议的缔结与担保权设置合同的缔结时间的不同。

一些东道国政府/承购方要求公开担保设置合同及优先贷款合

同的内容。然而,如 7.2.6 中所述,与东道国政府干预运营维护合同及 EPC 合同一样,这种做法有百害而无一利。若东道国政府/承购方理解项目融资的本质,则不会要求上述公开。相反,东道国政府/承购方应在直接协议中规定其对担保权设置的有效性不承担责任。

14.5.2　介入权

(1) 介入权种类

介入权是项目融资的专业术语。优先债权人拥有如下两种介入权。

① 介入权 1

介入权 1 是指优先债权人能够代替(或代理)项目公司履行其在所有项目合同中的义务的权利。与后述的介入权 2 不同,在此情形下优先债权人不将项目合同转让给新项目公司。在优先债权人行使该介入权时,社会资本方与项目公司保持不变,其目的是整顿项目。

由于优先债权人不具备履行项目公司在项目合同中义务的技术能力,通常会委托具备该能力的主体实施项目业务。

在直接协议中规定优先债权人能够代替(或代理)项目公司履行其在项目合同中的义务。当由于项目公司自身原因发生项目合同违约时,优先债权人为了补救项目公司的违约带来的损失将行使介入权 1。

② 介入权 2

介入权 2 是指优先债权人为了使项目恢复正常运营而替换社会资本方的权利(使新社会资本方替换原有社会资本方)。如 14.4 中所述,此情形下对项目公司的资产及社会资本方的股本及次级债设置担保权。

如 14.5.1 中所述，在直接协议中规定了项目合同主体对该担保权设置的合意。

（2）优先债权人对项目的整顿时间

通常项目运营不善意味着项目公司由于自身的原因陷入违约状态。此时，项目公司被赋予一定的整顿时间，若在此期间仍未得到改善，该项目合同主体则有权解除合同。若该项目合同主体选择行使解除合同的权利，则会导致项目终止，此时优先债权人的介入权将失去意义。因此，为了优先债权人能够行使介入权实现对项目的重建，要求项目合同不能解约，项目不能终止。

基于上述观点，在直接协议中规定除了赋予项目公司一定的整顿时间，还赋予优先债权人一定的项目补救时间，而且在此期间内所有项目合同主体不得解除合同。项目整顿期有时会较长，例如 IPP 项目中涡轮机叶片受损，需要半年时间修复。因此，根据违约原因，需要设置适当的整顿时长。若赋予优先债权人整顿项目的时间过短，优先债权人将失去行使介入权的动机，最终给项目合同主体特别是东道国政府/承购方带来损失。

优先债权人在项目整顿期间应投入合理的努力水平。若优先债权人没有尽力尽责，则应该终止整顿，允许该项目合同主体解除合同。

（3）项目合同违约不是行使介入权 2 的必要条件

在实务操作中，优先债权人行使介入权 2 的大多数情形是因为项目公司由于其自身的原因发生了违约。但即使没有发生由于项目公司自身的原因导致的违约，优先债权人仍有可能行使介入权。例如，运营维护商在实施运营维护业务时，虽然项目公司履行了其在项目合同中应履行的义务，但运营维护成本远远高于预期水准。此时，如 7.2.6 中所述，虽然不存在由于项目公司自身原因导致的违

第 14 章　融资合同的特征

约，但运营维护的追加成本将减少项目收益，最终可能导致无法偿还优先贷款。此时，优先债权人有必要替换社会资本方对项目进行整顿。

东道国政府 / 承购方也许会反对优先债权人在没有出现项目公司违约时行使介入权，替换社会资本方。但需要指出，若维持现状则会有较大的可能性出现项目公司违约状况，出于防患于未然的考虑，优先债权人行使介入权将有益于东道国政府 / 承购方。

（4）项目合同主体的要求

由于设置担保权的目的是实施担保权以控制资产，项目合同主体对设置担保权的合意同时也包含了对实施担保权的合意。相反，若实施担保权额外需要关于项目合同主体对实施该担保权的合意，则介入权 2 将失去效力，项目融资也不再成立。

但如 14.4.6 中所述，在设置担保权时项目合同主体并不知道项目合同会转让给谁。而且，实施担保权可能是因为项目公司违约的原因，因此项目合同主体会关心他们对原有项目公司拥有的权利 / 债权会被如何处理。基于此观点，项目合同主体会有合理的理由对担保权的实施附加一定条件。例如，可以考虑将新社会资本方客观上具有项目实施能力作为附加条件。然而，优先债权人同样清楚并不是谁都可以成为新社会资本方。因为优先债权人需要依赖新社会资本方能够重整项目，从而能够偿还优先贷款，这意味着优先债权人会尽可能选择客观上项目实施能力强的新社会资本方。因此，需要慎重考虑项目合同主体是否需要在直接协议中将新社会资本方的客观能力作为担保权实施的条件。

即使存在客观能力强的新社会资本方，若优先债权人不选择其作为新社会资本方，这意味着从本质上而言该优先债权人不具备实施项目融资的能力。同时也意味着由该优先债权人提供项目融资情形下原有社会资本方的项目实施能力必然存在问题。若项目合同主体为东道国政府/承购方，问题的源泉则是通过公开招标错误地选择了该社会资本方。

在项目合同为 EPC 合同的情形下，优先债权人行使介入权 2 是因为项目公司在履行 EPC 合同中由于自身原因出现违约。而项目公司在 EPC 合同中的债务主要是指 EPC 合同款的支付。在优先债权人行使介入权 2 替换社会资本方时，由于其目的是重整项目，在 EPC 合同款未支付的条件下让 EPC 承包商履行 EPC 合同义务不具有合理性。这意味着 EPC 合同款的支付为优先债权人行使介入权 2 的前提条件。

在项目合同为特许权协议/承购合同/PPP 项目合同的情形下，优先债权人行使介入权 2 是因为项目公司在履行特许权协议/承购合同/PPP 项目合同中由于自身原因发生违约。与 EPC 合同相同，东道国政府/承购方也许会将优先债权人保证解决违约问题作为优先债权人行使介入权 2 的前提条件。然而，与 EPC 合同不同，在特许权协议/承购合同/PPP 项目合同履行过程中，若项目公司由于自身的原因发生违约，该债务则指实施项目的债务而不是金钱上的债务（此外，如 9.1 中所述，特许权协议/承购合同/PPP 项目中项目公司承担的金钱债务应限于东道国政府在特许权协议/承购合同/PPP 项目中要求的银行保函或项目解约时扣减后的未支付对价，除此之外不存在其他金钱债务）。于是，需要通过新社会资本方对项目进行重整以解决违约问题。然而，新社会资本方能否成功重整项目存在着不确定性，因此，东道国政府/承购方让优先债权人保证项目恢复正常运营状态不具有合理性。

第 14 章　融资合同的特征

（5）项目公司破产/再生程序开始后的应对措施

若对项目公司实施破产/重组程序[①]，将会对优先债权人的介入权2产生怎样的影响？优先债权人行使担保权时会受到怎样的限制？例如，项目资产担保权益的止赎权可能受到限制。若只对项目合同中的债权设置担保权，由于项目合同为待履行的双边合同，存在被项目公司或项目公司托管人解约的风险。这将导致优先债权人的介入权2失去效力。

为了解决上述问题，项目合同主体需与优先债权人达成如下协议，即项目合同主体有义务（该义务为项目合同主体对优先债权人的义务）与新社会资本方成立的新项目公司重新签订项目合同。该义务须在直接协议中予以明确规定。

新项目合同应与原有项目合同在内容上一致。而且原有项目公司的违约应在新合同中得到解决。此时对新社会资本方的要求应与前文所述的行使介入权2的条件一致。此外，对解决违约问题的要求也应该与前文所述的行使介入权2的条件一致[②]。

（6）东道国政府/承购方的介入权

东道国政府的介入权是指东道国政府能够替代（或代理）项目公司履行其在项目合同中义务的权利。在此情形下，项目合同不再

[①] 笔者认为业界应对项目公司实施重组程序（基于美国破产法11条或日本公司再生法或民事再生法的再生程序）的适用与否进行充分探讨。重组手续是通过法律程序平等对待债权人对再生债务人的债权，以回收债务和债务人再生为目的的制度。另外，优先债权人的介入权2同样是以项目公司重组为目的的，在实施过程中保障项目相关合同主体的债权。在此意义上，优先债权人的介入权2是不依赖于法庭判决的公平重组程序的。因此，法庭应尊重私营企业构筑的不依赖于法庭判决的公平重组程序，只要优先债权人决定实施介入权2，应考虑不受理项目公司、项目发起人或项目相关合同主体向法庭提出的重组程序的申请。然而，对于纯粹第三方（例如对项目公司拥有损害赔偿索赔权的债权人）提出的重组程序申请，法庭将很难判定该申请无效。

[②] 项目公司破产的应对措施仅涉及项目相关合同的资产，而与其他资产无关。因此，根本应对措施是在项目公司破产前更替项目发起人。

转让给新社会资本方成立的新项目公司。

在项目公司由于自身原因违约时,将可能无法实现项目目标,即存在无法为国民提供公共服务的风险。设置东道国政府/承购方介入权的目的便是暂时避免上述风险的发生。东道国政府/承购方的介入权相当于优先债权人的介入权1,但仅以特许权协议/承购合同/PPP项目合同为对象,并在上述合同中予以明确规定。

东道国政府/承购方的介入权仅是为了暂时解决由于项目公司自身原因导致的违约问题。若违约无法得到暂时解决,东道国政府/承购方采取的手段应为解除原有的项目合同,与新社会资本方成立的新项目公司签订新的项目合同。因此,东道国政府/承购方不需要与优先债权人的介入权2相当的介入权[①]。

14.5.3　项目合同主体对优先债权人的履行合同义务

优先债权人提供项目融资的前提条件是项目合同主体能够履行合同义务。因此,若项目合同主体违反合同义务,项目融资的前提将不再成立。当然此风险不能转嫁给社会资本方。基于上述理由,在直接协议中,项目合同主体需承诺遵守相关合同义务。上述遵守相关合同的义务是对优先债权人的义务。因此,若项目合同主体违反了相关合同义务,不仅应承担项目合同中对项目公司的违约责任,而且还承担直接协议中对优先债权人的违约责任。后者具体表现为损害赔偿责任。然而,优先债权人蒙受的损失为未偿还的优先贷款总额,因此损害赔偿金额应等同于未偿还的优先贷款总额。项目合同主体是否应对优先债权人承担损害赔偿责任取决于直接协议的准据法,一般而言,项目合同主体承担该责任的可能性较小。然而也

---

① 在日本的一些PFI或DBO项目中,为了保障东道国政府/承购方的利益,通常会对项目公司的股本设置担保权。然而这种做法不具备合理性,没有正确理解PFI或DBO项目的本质。

第 14 章　融资合同的特征

不能断定项目合同主体完全不承担该责任。在这种法律不确定的情形下，项目融资作为项目合同主体与优先债权人之间妥协的产物具有较大的意义。

在日本的 PFI 中，有时优先债权人会被要求对政府承诺遵守融资相关合同的义务。但资源·基础设施 PPP 项目的资金筹集本质上是社会资本方的责任所在，政府要求优先债权人、社会资本方及项目公司承担资金筹集义务违反了资源·基础设施 PPP 项目的本质。而且，即使优先债权人违反了融资合同，蒙受损害的也是项目公司及社会资本方，政府并没有蒙受值得保护的损失。对政府的保护应仅限于特许权协议/承购合同/PPP 项目中规定的解约违约金，而该违约金可以通过银行保函或未支付的可用性付费的扣减得到保障。

有时合同一方主体会要求拥有与另一方主体同样的权利。但由于合同主体的权利随着合同的不同而存在差异，合同一方主体要求形式上拥有另一方主体的权利的做法反映了该合同主体没有理解合同的本质。

参考文献

[1] Burger P, Tyson J, Karpowicz I,et al. The effect of the financial crisis on public-private partnerships. IMF Working Paper (WP/09/144), 2009.

[2] Cangiano M, Anderson B, Alier M, et al. Public-private partnerships, government guarantees, and fiscal risk. IMF Special Issues, 2006.

[3] Winch G，Onishi M,Schmidts S. Taking stock of PPP and PFI around the world. WCCA workshop,2011.

[4] Anma M, Higuchi T. Public and private partnership (PPP) infrastructures under global financial crisis-observation. ASEM Infrastructure PPP Conference, 2009, 1207:14-20.

[5] Kage R. The Practice of Project Finance. General Incorporated Association. Kinyu-Zaisei-Jijyo Kenkyukai. Tokyo, Japan, 2007.

[6] Madono S. Overseas Operation of Infrastructure Business and Issues for Japanese Corporations. Transportation and Economy, 2011, 71(6):16.

[7] Anma M. Issues of Japanese PFI when compared to overseas. International Finance, 2008,1195: 90-96.

[8] Anma M. Mechanism and risk of project finance. Internal Resources, 1998, 288:23-30.

[9] Yescombe E. Principles of project finance .2nd ed. London :Academic Press,2014.

[10] Kaga R. The practice of project finance. Tokyo: Kinzai Institute for Financial Affairs, 2007.

[11] Kaga R. Mechanism and Funding of International Infrastructure Project. Tokyo:Chuo Keizaisha,2010.

[12] Vinter G, Price G. Project Finance.3rd ed. Sweet & Maxwell U.K. ,2006.